广州市社会组织发展报告 (2023)

胡小军　主　编

中国社会出版社

中国一级出版社·全国百佳图书出版单位

图书在版编目 (CIP) 数据

广州市社会组织发展报告. 2023 / 胡小军主编 . --
北京：中国社会出版社，2023.12
　　ISBN 978-7-5087-6956-1

　　Ⅰ . ①广 ...　Ⅱ . ①胡 ...　Ⅲ . ①社会组织—研究报告—
广州— 2023　Ⅳ . ① C912.21

中国国家版本馆 CIP 数据核字 (2023) 第 216199 号

出 版 人：程　伟	终 审 人：魏光洁
责任编辑：秦　健	责任校对：马　岩
封面设计：时　捷	

出版发行　中国社会出版社	地　　　址：北京市西城区二龙路甲 33 号
邮政编码：100032	编 辑 部：(010)58124823
网　　址：shcbs.mca.gov.cn	发 行 部：(010)58124863；58124848
经　　销：新华书店	

印刷装订：河北鑫兆源印刷有限公司	开　　本：170 mm×240 mm　1/16
印　　张：14.5	字　　数：205 千字
版　　次：2023 年 12 月第 1 版	印　　次：2023 年 12 月第 1 次印刷
定　　价：65.00 元	

中国社会出版社微信公众号

中国社会出版社天猫旗舰店

《广州市社会组织发展报告（2023）》
编撰委员会

第四部分 年度热点

第一部分 / 总报告

DIYIBUFEN
ZONGBAOGAO

把握时代重大机遇，推动社会组织发展迈上新征程

——2022年度广州市社会组织发展报告

胡小军*

摘要： 2022年，广州市社会组织工作坚持稳中求进总基调，立足广州作为国家中心城市、大湾区核心引擎、省会城市的战略定位，继续推进社会组织领域改革创新，支持和引导社会组织全面融入广州城市发展和粤港澳大湾区建设，主动服务新发展格局。本报告对2022年度广州市社会组织总体发展情况、取得的主要成效进行了系统分析和总结，并就如何进一步推动广州市社会组织高质量发展提出五点建议：第一，全面贯彻落实党的二十大精神，以高质量党建引领社会组织高质量发展；第二，鼓励广州市各区制定政策，实施分型分类培育，构建社会组织创新发展立体支持模式；第三，搭建多层次合作平台，拓展社会组织参与国家及地方发展战略的空间和路径；第四，主动适应信用社会建设要求，探索社会组织信用监管有效机制；第五，探索推动广州社会组织地方立法，提升社会组织领域法治化水平。

关键词： 社会组织　高质量发展　广州市

2022年是我国发展史上极为重要的一年。党的二十大胜利召开，描绘了全面建设社会主义现代化国家、以中国式现代化全面推进中华民族伟大复兴的宏伟蓝图。2022年也是对广州具有重要意义的一年，国务院印发

---

* 胡小军，广州社会组织研究院执行院长。

《广州南沙深化面向世界的粤港澳全面合作总体方案》(以下简称《南沙方案》),明确提出将南沙打造成为立足湾区、协同港澳、面向世界的重大战略性平台①,赋予广州新的重大机遇、重大使命②。

广州社会组织工作坚持稳中求进总基调,立足广州作为国家中心城市、大湾区核心引擎、省会城市的战略定位,紧紧围绕《广州市社会组织发展"十四五"规划(2021—2025年)》确立的发展目标和任务,深入推进社会组织领域改革创新,支持和引导社会组织全面融入广州城市发展和粤港澳大湾区建设,主动服务新发展格局。广州社会组织党的领导不断加强,扶持政策进一步完善,作用成效持续显现,社会组织高质量发展的基础更加坚实。

一、2022年度广州市社会组织总体发展情况

(一) 社会组织数量及类型

截至2022年12月31日,广州全市登记注册的社会组织总数为8004家,包括社会团体3467家,占比43.3%;社会服务机构(民办非企业单位)4397家,占比54.9%;基金会140家,占比1.8%。

党的十八大以来,广州市按照中共中央办公厅、国务院办公厅《关于改革社会组织管理制度促进社会组织健康有序发展的意见》的相关要求,有序推进社会组织登记管理改革,社会组织数量总体保持平稳增长态势。2012—2022年登记成立的社会组织占总数的63.2%(如图1所示)。

(二) 社会组织区域分布

截至2022年12月31日,在市本级登记注册的社会组织数量为1617家,占全市总数的20.2%;在11个区级民政部门登记的社会组织数量为

---

① 《国务院关于印发〈广州南沙深化面向世界的粤港澳全面合作总体方案〉的通知》,中国政府网,2022年6月14日,http://www.gov.cn/zhengce/zhengceku/2022-06/14/content_5695623.htm。

② 《2023年广州市政府工作报告》,广州市人民政府门户网站,2023年2月1日,https://www.gz.gov.cn/zt/jj2023gzlhzt/hyjj/content/post_8784240.html。

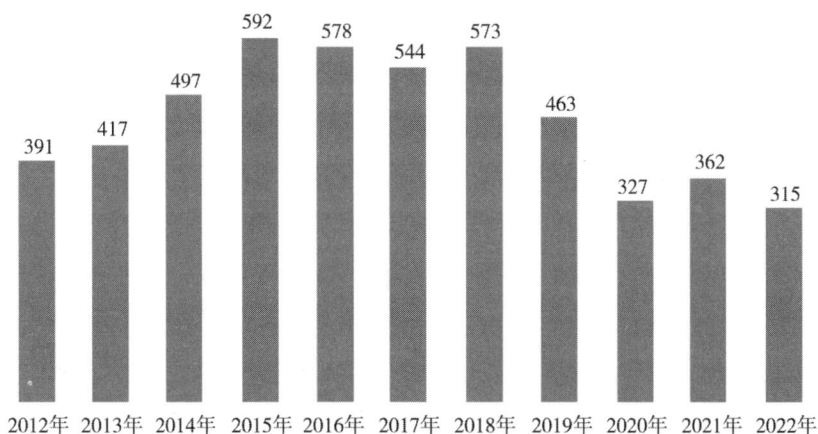

图1 2012—2022 年期间登记成立的社会组织数量（单位：家）

6387 家，占全市总数的 79.8%。其中，广州市番禺区、天河区、白云区社会组织数量位居全市前三位（如图 2 所示）。

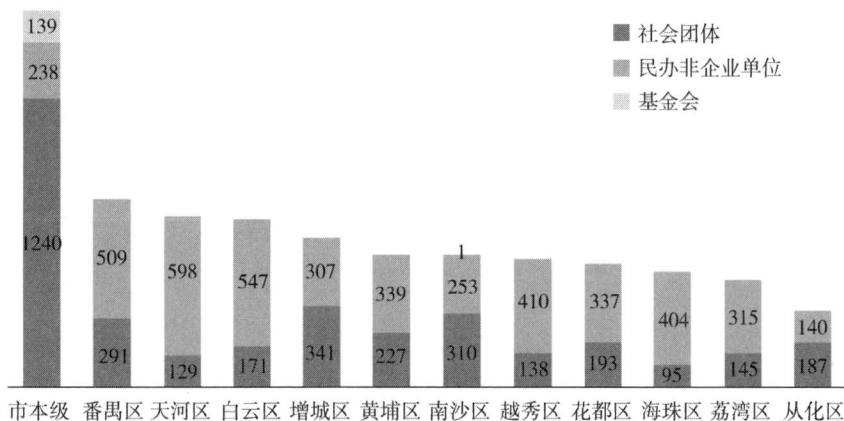

图2 2022 年度广州市社会组织区域分布（单位：家）

（三）社会组织行业分布

截至 2022 年 12 月 31 日，首先是教育领域社会组织数量最多，共有 2652 家，占比 33.1%；其次是社会服务领域，数量为 1382 家，占比 17.3%；再次是工商业服务领域，数量为 889 家，占比 11.1%（如图 3 所示）。

作为慈善事业的中坚力量，在《中华人民共和国慈善法》实施后，广

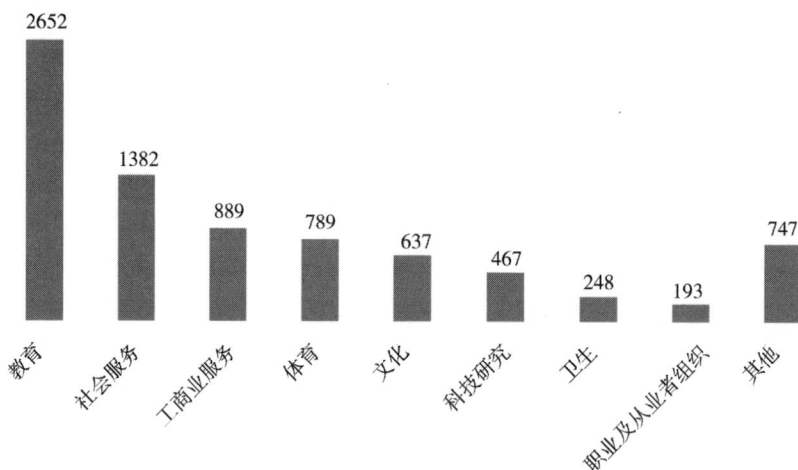

图3　2022 年度广州市社会组织行业分布

州市慈善组织的发展加速。《广州市慈善促进条例》也规定民政部门应当通过购买服务、孵化培育、项目指导、公益创投等方式，培育发展各类慈善组织。截至 2022 年 12 月 31 日，广州全市认定、登记的慈善组织共 243家，较 2021 年（211 家）增长 15.2%。其中，基金会 131 家，占比 53.9%；社会团体 80 家，占比 32.9%；社会服务机构（民办非企业单位）32 家，占比 13.2%（如图 4 所示）。

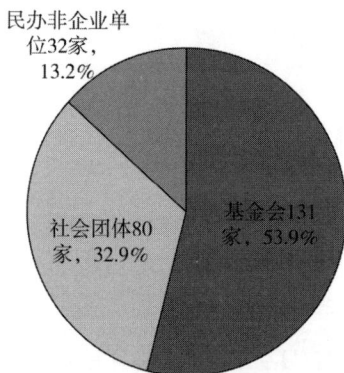

图4　2022 年度广州市慈善组织的组织形式

　　总体来看，在数量上，基金会这一组织形式仍占慈善组织总数的一半以上，构成慈善组织的主体。但在年末净资产及年度收支规模上，广州市、区两级慈善会远高于基金会等其他类型的慈善组织。

二、2022 年度广州市社会组织发展的主要成效

2022 年，面对新冠疫情等超预期突发因素带来的严重冲击，广州社会组织行业全面落实"疫情要防住、经济要稳住、发展要安全"的重要要求，坚持从实际出发，实事求是，务实进取，在疫情防控、困难群众兜底保障、基层社会治理、优化营商环境、"慈善之城"创建以及乡村振兴等各个领域发挥了应有作用，作出了积极贡献。

（一）以提质扩面行动为抓手，推动社会组织党建工作全面进步全面过硬

党的二十大报告多处直接提及社会组织，明确要求"加强新经济组织、新社会组织、新就业群体党的建设""理顺行业协会、学会、商会党建工作管理体制"。2022 年，广州社会组织党建坚持以党的二十大精神为引领，进一步夯实社会组织党建工作基础，持续巩固深化党建成果，引导社会组织将思想和行动统一到中央决策部署上来，将发展使命聚焦到助力全面建设社会主义现代化国家、全面推进中华民族伟大复兴历史伟业的宏伟蓝图上来。

《广州市加强党的基层组织建设三年行动计划（2021—2023 年）》紧紧围绕探索党建引领超大城市基层治理现代化有效路径，特别将"实施'两新'组织党建有效覆盖提质行动"作为"十大行动"之一。2022 年，广州以"提升党建引领基层治理效能"为主题，着力将党的组织优势转化为治理效能[①]。

截至 2022 年底，广州全市已建立社会组织党组织 2055 个，管理服务党员 22397 名。为有效落实广州新一轮基层党建三年计划，广州市社会组织管理局、中共广州市社会组织委员会专门制订实施《开展社会组织党组

[①] 《新一轮基层党建三年行动计划，广州这么干》，广州日报客户端，2021 年 4 月 16 日，https：//www.gzdaily.cn/site2/pad/content/2021-04/16/content_ 1540674.html。

织建设提质扩面行动方案》（见表1），从拓展"红联共建"、探索建立社会组织党群服务中心服务网、深化社会组织"外促内驱"教育培训体系、发挥品牌项目示范引领作用等多个层面，进一步增强了社会组织党建的整体性和系统性，将党的领导落实到社会组织工作各方面和全过程，为社会组织科学决策、可持续发展提供了有力的政治保障。

表1 社会组织党建提质扩面行动方案重点内容

重点内容	典型实践创新
优化社会组织党建工作体制机制	● 推行市、区社会组织登记管理机关、社会组织党委班子成员直接联系社会组织党组织工作制度 ● 加强社会组织党建工作（党员教育）示范基地建设，鼓励有条件的加挂党群服务中心（站、点、室）
提升"两个覆盖"工作质量	● 鼓励品牌社会组织、4A级及以上社会组织和区与区之间的"互评互学互促" ● 实施分类培训教育，深化社会组织"外促内驱"教育培训体系
加强社会组织党建队伍建设	● 拓展党建指导员队伍，不断提升党建带动业务发展的水平 ● 加强党组织对人才的吸纳，注重在社会组织负责人、管理层、业务骨干和专职工作人员中发展党员

（二）以制度建设为主线，为加快推动社会组织高质量发展提供制度保障

广州市委、市政府历来高度重视社会组织工作。从2019年1月起，开展市委领导班子成员直接联系社会组织党组织工作。2022年12月，广州市委常委会专题听取社会组织工作情况汇报，对社会组织高质量发展作出部署安排，要求持续深化社会组织改革，扎实推动社会组织健康有序发展①。特别值得关注的是，"制定广州市推进社会组织高质量发展若干意

---

① 《全面提升未成年人保护工作水平 扎实推动社会组织健康有序发展》，《广州日报》，2022年12月5日，https：//gzdaily.dayoo.com/pc/html/2022-12/05/content_868_810816.htm。

见"被列入《广州市人民政府 2022 年度重大行政决策事项目录》①。广州市社会组织管理局通过深入开展"走百家访千社"调研活动，组织 30 余场座谈会，走访 400 多家社会组织，广泛听取社会组织意见建议，为政策的制定提供了重要参考。在调研基础上，广州市社会组织管理局牵头起草完成了《广州市关于促进社会组织高质量发展的若干措施（草案）》，相关的调研成果也荣获 2022 年民政部政策理论研究二等奖。

此外，2022 年度广州市社会组织管理局先后制定或修订《广州市社会组织重大事项报告工作指引》《广州市社会组织抽查监督办法》《广州市社会组织信息公开办法》《广州市社会组织公益创投项目管理办法》《广州市社会组织专家库管理办法》等制度文件（见表 2），为加快推进社会组织高质量发展提供了更加良好的制度保障。

表 2　2022 年度制定或修订的制度文件

制度文件名称	实施日期及有效期
《广州市社会组织重大事项报告工作指引》（穗社管规字〔2022〕1 号）	自 2022 年 3 月 30 日起实施，有效期 5 年
《广州市社会组织抽查监督办法》（穗社管规字〔2022〕2 号）	自 2022 年 3 月 30 日起实施，有效期 5 年
《广州市社会组织专家库管理办法》（穗社管发〔2022〕33 号）	自 2022 年 8 月 26 日起实施
《广州市社会组织信息公开办法》（穗社管规字〔2022〕3 号）	自 2023 年 1 月 1 日起实施，有效期 5 年
《广州市社会组织公益创投项目管理办法》（穗社管规字〔2023〕1 号）	自 2023 年 1 月 16 日起实施，有效期 5 年

①《广州市人民政府办公厅关于印发广州市人民政府 2022 年度重大行政决策事项目录和听证事项目录的通知》（穗府办〔2022〕2 号），广州市人民政府门户网站，2022 年 3 月 14 日，https：//www.gz.gov.cn/zwgk/fggw/sfbgtwj/content/post_ 8133571. html。

（三）以就业优先为导向，发挥社会组织在稳经济、促就业中的积极作用

截至 2022 年 12 月底，广州实有市场主体 315.55 万户。其中，企业 190.05 万户，个体工商户 125.34 万户，农民专业合作社 1695 户。按照《国民经济行业分类》，广州实有市场主体排名前五的行业分别是：批发和零售业 156.69 万户，租赁和商务服务业 33.51 万户，科学研究和技术服务业 25.23 万户，住宿和餐饮业 23.12 万户，制造业 18.02 万户（如图 5 所示）[①]。

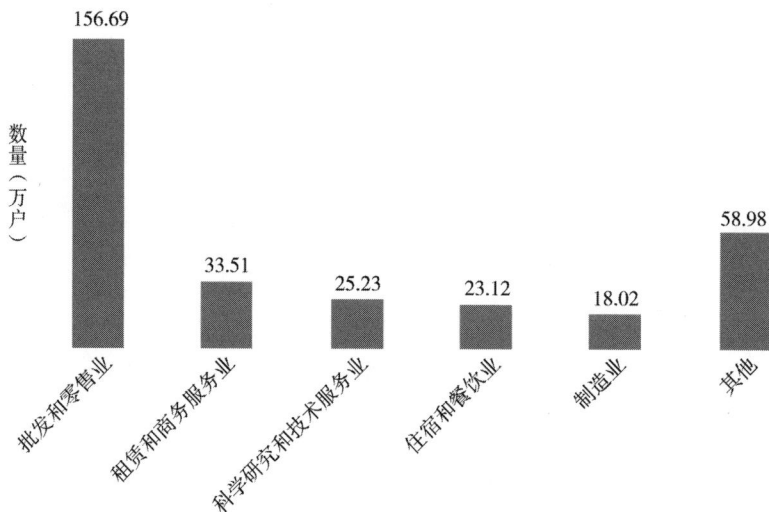

图 5　2022 年度广州实有市场主体行业分布

2022 年，广州地区生产总值（GDP）为 28839 亿元，其中第三产业增加值为 20611.4 亿元[②]，占 GDP 总量的 71.5%。回看疫情前 2019 年的数据，当年广州 GDP 总量为 23628.6 亿元，第三产业增加值 16923.23 亿元，

----

① 《2022 年广州市市场主体发展情况》，广州市市场监督管理局网站，2023 年 2 月 14 日，http：//scjgj.gz.gov.cn/zwgk/sjfb/sczttj/content/post_ 8801372.html。

② 《2022 年广州经济运行情况》，广州市统计局网站，2023 年 1 月 20 日，http：//tjj.gz.gov.cn/stats_ newtjyw/sjjd/content/mpost_ 8774512.html。

占比达到 71.62%①。作为"千年商都",广州经济在 2022 年遇到了多年未有的压力和挑战,市场主体困难增多。对此,广州市人民政府办公厅制定出台《进一步支持中小企业和个体工商户纾困发展十条措施》等政策文件,从落实退税减税政策、减轻企业社保负担、降低企业经营成本、加强企业用工支撑等多个层面着手,加大对中小企业和个体工商户的纾困帮扶力度,帮助市场主体渡过难关②。

为了发挥社会组织在稳经济、促就业中的积极作用,广州市社会组织管理局在 2022 年先后印发《关于引导社会组织助力稳经济促就业工作的通知》《广州社会组织"暖企·直达"行动工作方案》《广州市社会组织助力复工复产行动方案》,引导广大社会组织助力复工复产、服务经济社会发展。以行业协会商会为代表的社会组织在克服自身运营困难的同时,努力提升服务能力,发挥协调作用,为市场主体提供信息咨询、宣传培训、市场拓展、权益保护、纠纷处理等多方面的服务,千方百计为企业排忧解难,在广州优化营商环境建设中的重要性进一步体现。

(四) 以《南沙方案》出台为契机,搭建粤港澳大湾区社会组织合作平台

粤港澳大湾区是我国开放程度最高、经济活力最强的区域之一,社会组织整体发展水平较高。《粤港澳大湾区发展规划纲要》实施以来,粤港澳三地在社会组织领域的合作不断拓展与深化。社会组织在促进粤港澳三地社会融合、提供专业服务、推进"人文湾区"建设中发挥了积极作用。

广州市南沙区地处粤港澳大湾区地理几何中心,区位优势独特。《南沙方案》明确提出加快建设科技创新产业合作基地、青年创业就业合作平台、高水平对外开放门户、规则衔接机制对接高地和高质量城市发展标杆,将南沙打造成为香港、澳门特区更好融入国家发展大局的重要载体和

---

① 《2019 年广州市国民经济和社会发展统计公报》,广州市统计局网站,2020 年 3 月 27 日,http://tjj.gz.gov.cn/stats_ newtjyw/tjsj/tjgb/qstjgb/content/post_ 8540093.html。

② 《广州市进一步支持中小企业和个体工商户纾困发展十条措施》,广州市人民政府门户网站,2022 年 6 月 10 日,https://www.gz.gov.cn/zwgk/fggw/sfbgtwj/content/post_ 8331467.html。

有力支撑。这是国家赋予南沙的新定位、新任务，为广州市和南沙区的发展提供了新的重大历史机遇。

《南沙方案》发布后，广州举全市之力推动方案落地落细落实。为了进一步发挥南沙的政策、区位、人才优势和辐射带动作用，促进粤港澳大湾区社会组织之间的优势互补、资源共享，推动社会组织有效参与大湾区建设，2022年12月，粤港澳大湾区（南沙）社会组织合作创新基地正式启用。该基地由广东省社会组织管理局、广州市民政局等粤港澳大湾区城市群民政部门、广州市南沙区民政局三级合作共建，秉承"区域合作、开放融合、创新共享"的理念，设置传播展示、交流合作、培育发展、项目对接、智库研究、综合事务六大功能板块（见表3），搭建粤港澳三地社会组织国际化、专业化交流合作平台。

表3 大湾区（南沙）社会组织合作创新基地功能

主要功能	工作方向
传播展示	充分整合和利用南沙"创享湾"的优质资源，以集群思维打造社会组织发展良好生态；对大湾区社会组织典型合作成果进行常态化展示；定期编印大湾区社会组织简报等
交流合作	立足南沙，面向湾区，持续举办"粤港澳大湾区社会组织合作论坛"及系列交流活动，推动社会组织互学互促、共同发展
培育发展	建立跨区域的社会组织能力建设和人才培养机制；推动社会组织登记及服务管理便利化措施的制定实施；依法逐步探索国际性社会组织落户的可行路径等
项目对接	搭建资源网络，建立对接机制，引导和推动大湾区社会组织在科技创新、创业就业、规则和标准对接、社会服务等方面开展多层次、多形式的合作
智库研究	建立大湾区社会组织人才库；围绕大湾区社会组织发展相关议题开展课题研究，推动研究成果转化；推进社会组织领域相关标准制定和推广应用；定期发布大湾区社会组织合作发展报告等
综合事务	统筹协调基地管理事务，健全基地运行制度等

（五）以品牌战略为驱动，构建形成多层次、立体化的社会组织品牌体系

品牌是社会组织综合实力的体现，是社会组织重要的无形资产。在民政部印发的《"十四五"社会组织发展规划》中，将加强品牌建设作为一项重要内容，特别提出"引导社会组织依据章程、业务范围和自身专长优势，开展专业化、差异化、个性化特色服务，形成更多有竞争力的服务品牌"。经过多年的探索与努力，广州已逐渐形成涵盖"组织""项目""活动"等多个层面的社会组织品牌体系。

首先，在组织层面，广州在全国率先开展品牌社会组织评价工作，并制定发布广州市地方标准《品牌社会组织评价指标》。2022年，广州市社会组织管理局开展第七批"广州市品牌社会组织"评估，共有8家社会组织入选。截至2022年，全市共命名57家社会组织为品牌社会组织（如图6所示）。

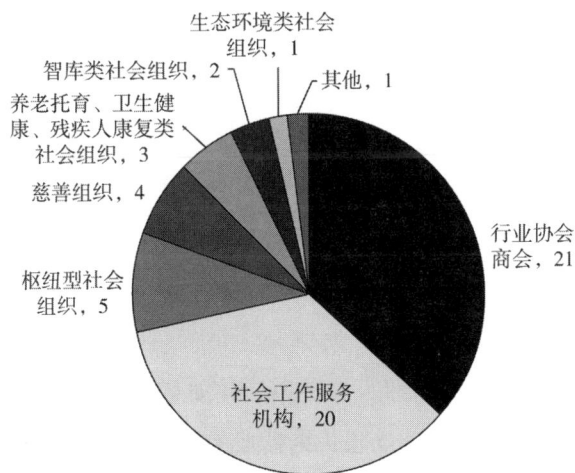

图6　"广州市品牌社会组织"类型分布（单位：家）

2022年，广东省人力资源和社会保障厅、广东省民政厅开展全省先进社会组织评选，广州市律师协会、广州市青少年发展基金会、广州市社会工作协会、广州市番禺区社会组织联合会、广州社会组织研究院、广州市慈善会、广州市普爱社会工作服务社、广州市志愿者协会8家社会组织荣

获"广东省先进社会组织"称号①。其中，有 7 家社会组织均是"广州市品牌社会组织"，这也是广州社会组织品牌建设成果的重要体现。

其次，在项目层面，广州市社会组织公益创投活动持续举办。2022年，第九届公益创投共投入 1700 万元，对 141 个社会组织开展的公益项目予以资助（见表 4)②，为本土公益项目品牌的打造提供了重要支持。

表 4　第九届广州市社会组织公益创投活动资助情况

资助领域	资助项目数量（个）	资助金额（万元）
为老服务类	44	700
助残服务类	24	220
未成年人保护类	32	350
救助帮困类	16	250
社区治理类	25	180
合计	141	1700

为了继续擦亮广州市社会组织公益创投这张名片，确保公益创投持续健康规范有序开展，广州市社会组织管理局修订了《广州市社会组织公益创投项目管理办法》，进一步明确了公益创投的宗旨，完善了公益创投项目的资助范围，并对资助项目进行科学分类，提高项目资助额度，扩大申报主体范围，明确人员费用支出比例③。其中，特别值得关注的是，为老服务类、助残服务类、未成年人保护类、救助帮困类项目的资助标准最高可达 80 万元，这一规定对于促进优秀公益项目的迭代升级，发挥品牌项目

---

① 《广东省人力资源和社会保障厅　广东省民政厅关于表彰广东省先进社会组织的决定》，广东省民政厅网站，2023 年 1 月 17 日，http：//smzt. gd. gov. cn/gkmlpt/content/4/4082/post_ 4082631. html#1668。

② 《第九届广州市社会组织公益创投活动资助项目名单》，广州市民政局网站，2022 年 6 月 24 日，http：//mzj. gz. gov. cn/gznpo/dt/tzgg/content/post_ 8359612. html。

③ 《广州市社会组织公益创投项目管理办法》，广州市民政局网站，2023 年 1 月 16 日，http：//mzj. gz. gov. cn/gkmlpt/content/8/8760/post_ 8760970. html#345。

的示范效应和影响力具有积极的意义。

最后，在活动层面，广州市形成了一批在大湾区甚至国内具有一定影响力的社会组织品牌活动。例如，"广州社会组织交流大会""粤港澳大湾区社会组织合作论坛""广州市社会组织新闻发布会""广州社会组织研究年会"等，通过这些活动的常态化举办，搭建了社会组织行业交流学习平台，促进了社会组织多层次、多渠道合作，增进了政府和社会各方对社会组织的认知和理解，展现了广州社会组织的良好形象和风采。

（六）以专项行动为切入点，为社会组织健康发展营造良好环境

按照民政部、广东省民政厅 2022 年社会组织领域专项行动部署要求，广州打好风险防范"主动仗"，注重发挥业务主管单位、相关职能部门和行业管理部门作用，推动形成专项整治工作合力，统筹推进社会团体分支（代表）机构专项整治、社会服务机构非营利监管、行业协会商会乱收费清理、"僵尸型"社会组织整治以及防范化解社会组织领域重大风险 5 个专项行动。

在此过程中，广州各级社会组织登记管理机关坚持严格规范公正文明执法，落实行政执法"三项制度"①，按照《社会组织登记管理机关行政处罚程序规定》等要求，不断规范行政执法行为，提升社会组织执法水平。例如，在推进"僵尸型"社会组织清理整治工作中，制定《"僵尸型"社会组织专项整治工作指引（试行）》，建立"僵尸型"社会组织的预防、监管和执法相结合的长效机制，对 24 个全市性"僵尸型"社会组织全部进行分类处理②。

此外，广州坚持把法治思维和法治建设贯穿于社会组织管理体制改革和发展的全过程，通过修订完善抽查监督、重大事项报告、信息公开等规范性文件，深化实施活动异常名录、严重违法失信名单等信用监管措施，

---

① "三项制度"即推行行政执法公示制度、执法全过程记录制度、重大执法决定法制审核制度。

② 《广州市社会组织管理局 2022 年法治政府建设年度报告》，广州市民政局网站，2022 年 12 月 26 日，http://mzj.gz.gov.cn/gznpo/dt/tzgg/content/post_ 8729049.html。

开展"法在'社'里"社会组织法治教育提升行动，有效巩固专项行动成果，不断健全和完善社会组织综合监管体系。

三、新征程上加快推进广州社会组织高质量发展的建议

社会组织是社会主义现代化建设的重要力量，是党的工作和群众工作的重要阵地①。党的二十大报告提出以中国式现代化全面推进中华民族伟大复兴，阐明了中国式现代化的丰富内涵，指出了中国式现代化的本质要求和重要特征，为社会组织的发展指明了新的战略方向。

2023年1月，广东省委省政府、广州市委市政府分别召开了全省、全市高质量发展大会，为高质量发展描绘奋进蓝图，凝聚起社会各界聚焦高质量发展团结奋斗、建功立业的强大力量。2023年广东省民政工作会议、社会组织登记管理工作会议明确要求，要紧紧围绕高质量发展这一主题，在引领社会组织融入发展大局中把握机遇、乘势而上，科学求实探索社会组织高质量发展之路②。

高质量发展是广大社会组织在更高起点、更高层次上走好中国特色社会组织发展之路的根本要求。站在新征程的新起点上，需要把社会组织发展质量问题摆在更为突出的位置。为加快推进广州市社会组织高质量发展，结合广州经济社会及社会组织发展实际，本报告提出如下建议。

（一）全面贯彻落实党的二十大精神，以高质量党建引领推动社会组织高质量发展

在中国社会治理结构由传统的体制内单中心治理向党建引领下的多元治理结构转变的过程中，党的组织网络成为社会治理中连接体制内外和不

---

① 《关于加强社会组织党的建设工作的意见（试行）》，中国政府网，2015年9月28日，http://www.gov.cn/xinwen/2015-09/28/content_2939936.htm。

② 《深入学习贯彻党的二十大精神 谱写新时代新征程社会组织高质量发展新篇章——2023年全省社会组织登记管理工作会议在广州召开》，广东省民政厅网站，2023年2月23日，http://smzt.gd.gov.cn/shzz/xwzx/ywdt/content/post_4099515.html。

同治理主体的新平台①。推动社会组织党建从"有形覆盖"向"有效覆盖"转变，关键是要发挥好党组织在社会组织中的政治功能，要加快促进社会组织党建和业务融合发展，不断强化融合意识、健全融合机制、提升融合能力，把党的工作融入社会组织运行和发展全过程，把以人民为中心的发展思想落实到社会组织各项决策部署和实际工作之中，把党的组织优势和政治优势转化为社会组织的发展优势。

2023 年是实施《广州市加强党的基层组织建设三年行动计划（2021—2023 年）》的最后一年，年度主题确定为"高质量党建推动高质量发展"。建议广州社会组织党建工作紧紧围绕年度主题，在已有扎实工作的基础上，继续推进如下几个方面的工作：第一，深化"红联共建"，支持社会组织党组织与所在区域内政府机关、企事业单位、社区党组织等结对共建，实现党建资源区域联动共享，形成党建工作合力，打造区域党建共同体。第二，加强社会组织党建示范基地建设，加大力度培育社会组织党建特色品牌，充分发挥基地的示范、带动、辐射作用。第三，充分挖掘湾区城市党建资源，以广深、广佛、广清、广湛等区域合作为基础，探索建立湾区城市社会组织党组织共建机制。

（二）鼓励广州各区制定政策，实施分型分类培育，构建社会组织创新发展立体支持模式

如前所示，2022 年度在广州各区级民政部门登记注册的社会组织占广州全市社会组织总量的 79.8%。因此，区级社会组织的发展质量很大程度上决定着全市社会组织的质量。

第一，建议各区结合实际，设立社会组织培育发展扶持专项资金，并制定相应的管理办法，纳入财政预算，专款专用，重点用于本区域社会组织的培育发展、人才培养、能力提升、项目资助、品牌建设、激励奖励以及社会组织综合服务体系建设和运营等。

第二，鉴于不同社会组织的组织形式、成长阶段和发展需求存在较大

---

① 李友梅. 中国社会治理的新内涵与新作为［J］. 社会学研究，2017（6）.

差异，建议参考和借鉴广东省地方标准《社会组织能力建设指南》①，对社会组织进行更加精细化的分类，逐步构建起慈善组织、行业协会商会、科技和智库类社会组织、志愿服务组织、非营利性民办学校、社区社会组织等不同类型、不同领域社会组织的通用能力和专有能力发展模型。在此基础上，采取立体支持的策略，从项目资金、人才培养、组织建设等多个层面开展培育工作。

第三，支持各级政府部门、群团组织、企事业单位等盘活存量空间资源，科学规划，建立社会组织培育基地，创新运行管理模式，加大对本地区、本行业、本系统、本领域社会组织的培育扶持力度。依托产业园、科技园、创新园、科学城、产业基地等战略性新兴产业集聚空间和平台，整合创新资源，聚集创新要素，促进战略性新兴产业领域社会组织成长发展，在加快补链、延链、强链，畅通和稳定产业链、供应链，加强供需对接等方面发挥独特作用。

（三）搭建多层次合作平台，拓展社会组织参与国家及地方发展战略的空间和路径

随着社会需求的多样化和社会专业分工的日趋精细化，单一社会组织所拥有的资源和专业能力均非常有限，各项工作的有效开展越发依赖政府部门、不同类型的社会组织与其他机构或相关团体之间的紧密协作。在此情况下，协同合作是社会组织发展的必然选择，也只有在协同合作过程中才能实现社会组织的创新发展。

第一，建议结合广州经济社会发展方向及战略重点，在社会服务、科技创新、文化创新、生态环保、乡村振兴、重大突发事件应急响应等领域推动社会组织重大合作平台建设。通过政社协同、多元共建模式，加强合作平台的规划与建设，促进社会组织之间，社会组织与政府部门、企事业单位、其他社会组织之间的协同合作，更加有效地发挥社会资金的杠杆作

---

① 《构建规范运作、健康发展的标准体系 广东省发布〈社会组织能力建设指南〉系列地方标准》，广东省民政厅网站，2022年7月5日，http：//smzt.gd.gov.cn/mzzx/mzyw/content/post_ 3963095. html。

用，服务经济社会发展大局。

第二，建议紧扣《南沙方案》战略重点，找准社会组织的角色定位，发挥好"粤港澳大湾区（南沙）社会组织合作创新基地"的平台作用，以开阔的思路、创新的理念，支持南沙区内外社会组织抓住政策机遇，发挥灵活创新的优势，在科技创新、产业合作、青年创业就业、国际交往、社会治理等领域发挥应有的作用和功能。

第三，建议政府加大对各类枢纽型社会组织的扶持力度，特别是区级、街道级社会组织联合会，通过购买服务等方式，支持枢纽型社会组织加强机构建设、聘用工作人员、建立专业化的执行团队，为实际工作的开展提供基础支撑，更好发挥连接各级党委政府与社会组织的桥梁纽带作用。枢纽型社会组织也要进一步强化服务意识，重心向下，以服务社会组织行业发展为己任，做好所在区域或行业社会组织引领、服务和带动等各项工作。

（四）主动适应信用社会建设要求，探索社会组织信用监管有效机制

随着社会信用体系建设及相关立法的加快推进，为社会组织信用体系的健全和完善提供了重要支撑。在此背景下，建议在落实好社会组织"异常活动名录""严重违法失信名单"制度的同时，创新社会组织信用监管，完善社会组织信用承诺制度，探索建立以信用为基础的社会组织新型监管机制。此外，积极推动社会组织信用标准研制，加强社会组织领域诚信文化建设，营造公开透明、诚信自律的社会组织行业生态。

为了适应信用监管的要求，要加快社会组织领域数字化改革步伐，顺应信息化、数字化、网络化、智能化发展趋势，支持各级社会组织登记管理机关加大投入，健全完善社会组织信息服务平台功能，加强社会组织领域数据管理和数据集成共享，持续提升社会组织登记服务管理信息化支撑能力。此外，需要优化社会组织统计指标体系，通过大数据等技术的应用，客观反映和监测广州社会组织发展质量，为党委、政府决策提供科学依据。

（五）探索推动广州社会组织地方立法，提升社会组织领域法治化水平

在中共中央印发的《法治社会建设实施纲要（2020—2025年）》中，特别提出"健全社会组织、城乡社区、社会工作等方面的法律制度，进一步加强和创新社会治理"[①]。《法治广东建设规划（2021—2025年）》也强调"加强保障和改善民生、创新社会治理方面的立法"。民政部《"十四五"社会组织发展规划》也将"完善社会组织法律制度"作为一项主要任务，特别提出发挥地方立法先行先试作用，鼓励各地在立法权限内，因地制宜制定与社会组织相关的地方性法规、规章及其他规范性文件。

在国家层面，《中华人民共和国民法典》专节对"非营利法人"予以规定；《中华人民共和国慈善法（修订草案）》已提请十三届全国人大常委会第三十八次会议首次审议，并公开向社会征求意见；《社会组织登记管理条例》也在积极制定中。随着国家层面在社会组织相关领域立法的不断完善，为地方立法的开展提供了重要支撑。广州市是民政部确认的全国首批"社会组织建设创新示范区"，社会组织改革一直走在全国前列。迈入新的发展阶段，建议在对《广州市社会组织管理办法》（广州市人民政府令第108号）的总体实施情况进行科学评估的基础上，适时推进广州社会组织地方立法工作，为广州社会组织走好具有中国特色、时代特征、岭南特质、广州特点的社会组织发展之路提供更加有力的法治保障。

[①] 《法治社会建设实施纲要（2020—2025年）》，中国政府网，2020年12月7日，http://www.gov.cn/zhengce/2020-12/07/content_ 5567791.htm。

第二部分
DIERBUFEN
ZHUANTIBAOGAO

专题报告

广州市社会组织党建"提质扩面"行动研究报告

郑佳斯[*]

摘要： 坚持和加强党对社会组织的全面领导，是开创社会组织高质量发展新局面的根本保证。本报告分析了广州市社会组织党建提质扩面的基本情况，进一步提炼了广州社会组织共建基层党组织、共享党建工作阵地、共办党组织活动、共育党员队伍、聚焦行业难点问题，将党组织势能转化为发展动能的典型经验，并提出进一步聚焦政治建设、体制机制、作用发挥、队伍建设和品牌建设等建议，以高质量党建引领广州社会组织高质量发展。

关键词： 社会组织党建　提质扩面　广州市

作为国家治理体系和治理能力现代化的有机组成部分，社会组织服务国家、服务社会、服务群众、服务行业的作用日益彰显。近年来，广州市坚持以习近平新时代中国特色社会主义思想为指导，全面落实习近平总书记对广东工作的重要讲话和重要指示批示精神，坚持和加强党对社会组织的全面领导，推动社会组织参与构建基层党组织领导的"令行禁止、有呼必应"基层党建工作格局，为广州加快实现老城市新活力、"四个出新出彩"贡献社会组织的独特力量。

---

* 郑佳斯，中共广东省委党校（广东行政学院）文史教研部副主任，副教授。

一、广州市社会组织党建工作的基本情况

近年来，广州市深入贯彻落实新时代党的建设总要求和新时代党的组织路线，立足新发展阶段、贯彻新发展理念，服务和融入新发展格局，坚持和加强党对社会组织的全面领导，深入实施社会组织党建"红苗工程"和党建提升工作。2021 年 12 月，中共广州市社会组织委员会印发《广州市社会组织加强党的基层组织建设三年行动计划（2021—2023 年）的实施方案》，明确了 2021—2022 年分别以"建设坚强有力的社会组织党组织体系""提升党建引领基层治理效能"为主题，深入开展社会组织党组织提质扩面工作，不断提升社会组织党建工作质量，完善上下贯通、执行有力的组织体系，切实增强党的组织覆盖和工作覆盖的有效性，开创了党建引领社会组织高质量发展新局面。

（一）凝心聚魂，强化社会组织党组织政治建设

中共广州市社会组织委员会、广州市社会组织管理局高度重视社会组织党组织的政治建设，不断提升社会组织党组织思想引领力。一是强化政治引领。坚持把党的政治建设摆在首位，把习近平新时代中国特色社会主义思想作为促进社会组织高质量发展的根本遵循，把增强"四个意识"、坚定"四个自信"、做到"两个维护"纳入社会组织党建、登记、发展、监督等工作的全过程和各环节。

二是开展党史学习教育。坚持集中学习和自主学习相结合，在全市社会组织党组织和全体党员中广泛开展党史、新中国史、改革开放史、社会主义发展史宣传教育，促进学史明理、学史增信、学史崇德、学史力行。深入实施党组织、党员为群众办实事"双微"行动和"双报到"，建立"我为群众办实事"长效机制，推动"令行禁止、有呼必应"机制在社会组织领域有力、有效实施。

（二）建章立制，完善社会组织党建工作制度

广州市积极探索社会组织党建工作新机制，不断提升社会组织党组织

建设制度化、规范化、科学化水平。一是深化制度建设。深入贯彻落实新时代党的建设总要求,认真学习贯彻党建规章制度,修订完善社会组织党委相关制度。健全联系社会组织党组织制度,完善党委成员直接联系社会组织及党组织工作机制,加强联系指导工作。

二是推进廉洁建设。加强社会组织党纪国法、廉洁自律和道德教育,定期开展廉洁警示教育。推动社会组织诚信自律工作,探索符合社会组织发展的廉洁自律措施。提升综合监管能力水平,将落实全面从严治党、党建工作、反腐倡廉等责任贯穿社会组织全周期,打造廉洁社会组织。

三是完善"大学习、深调研、真落实"工作机制。紧紧围绕社会组织高质量发展目标任务,深入开展"红联共建"、行业协会商会党建、社会组织党组织参与议事决策、完善组织体系建设等调研,研究推动社会组织高质量发展的举措。

(三) 夯实根基,持续推进社会组织党的组织和党的工作有效覆盖

广州不断创新社会组织党组织的设置方式和活动形式,推进党的组织和党的工作有效覆盖。一是常态化开展"双同步"工作。广州市社会组织管理局坚持问题导向,协调人社、税务等部门力量,合力开展常态化摸排数据核对和审查工作,动态更新台账,做到社会组织的运营、从业人员、党组织、党员、负责人、群团组织等情况"六个清"。坚持边摸排、边组建、边巩固,重点抓好从业人员30人以上的社会组织党建工作,鼓励符合条件的社会组织在决策层成立临时党组织,采取龙头带建、区域联建、行业统建等方式,推动不具备单独组建条件的社会组织成立联合党组织。

二是及时衔接脱钩后社会组织党建工作。深入推进行业协会商会与行政机关脱钩改革后的社会组织党建工作,按职责做好党员情况梳理、党组织档案资料整理、党组织关系移交、党员组织关系转移、党费收缴和管理、党内统计数据调整上报等工作,确保党组织和党员脱钩不脱管。

三是坚持党对社会组织的全面领导。严格落实《中国共产党支部工作条例(试行)》和广州市"两新"组织党建"1+4"文件精神,围绕贯彻

落实新一轮党的基层组织建设三年行动计划，健全党组织对社会组织重大议事决策的参与决策机制，督导落实"第一议题"、"三会一课"、主题党日活动等制度，组织开展党组织生活专项督导检查，全面推进"党建入章程"，建立起党建引领、使命清晰、治理完善、运作高效、政社分开的广州现代社会组织制度。

（四）多措并举，开展社会组织党组织能力建设

为全面提高社会组织党建工作质量，广州市不断加强社会组织党务工作者队伍建设，发挥社会组织党组织和党员作用。一是深化实施"头雁工程"。建强社会组织党组织负责人队伍，推动社会组织党员负责人和党组织负责人"双向进入、交叉任职"，推动建立党组织与管理层共同学习、党组织书记参加或列席社会组织管理层会议等制度，党组织开展的活动可邀请非党员负责人参加。完善监督管理机制，强化社会组织负责人在党建、安全生产等工作中的主体责任。利用党建"手拉手""面对面"等平台，组织党组织负责人进行工作、学习交流，推动学习交流制度化、规范化。

二是持续激发党员活力。建立健全党组织书记轮训制度，积极推荐优秀社会组织党组织书记作为先进典型和"两代表一委员"人选。挖掘社会组织党建专家、优秀党务工作实践者等专业力量，鼓励、引导社会组织通过购买服务、项目合作等方式聘请专职党务工作者，不断提升专业指导能力水平。

三是充分发挥党员先锋模范带头作用。广泛开展社会组织党员"三亮三树"活动，鼓励社会组织党组织主动下沉社区开展服务，助力基层社区治理创新。引导社会组织党组织和党员积极参与"双区"建设、"双城"联动和实施乡村振兴等国家战略和重点工作。

四是创新党员教育方式。实施分类培训教育，持续开展党建工作示范班、入党积极分子和发展对象培训班等，健全"学习+实践"一体化检验平台，增强社会组织党员和党务工作者学习的自觉性、主动性、有效性。构建金牌讲师讲精品课程机制，遴选25人组成社会组织党课宣传宣讲员队

伍，评选 100 节社会组织优秀党课，开展宣传宣讲进基层、进社会组织活动。发挥市社会组织党委党校作用，充分利用社会组织学习大讲堂、党建智慧平台、社会组织党建示范基地和党员教育基地，落实"三会一课"等制度，夯实社会组织"外促内驱"教育学习体系。

五是发挥"红联共建"促进作用。紧扣"红色引领、联动共建"，深入实施"六共模式"，系统总结"红联共建"试点经验，不断拓展"红联共建"的方式与内涵。发挥枢纽型社会组织、行业协会商会桥梁纽带作用，联动相关行业、产业链和基层党组织开展共建，扩大共建范围，提升"四个服务"质量。

二、广州市社会组织党建的经验做法

为进一步整合党建资源，推动社会组织党建工作提质扩面，广州市自 2020 年 8 月开始部署推进社会组织红联行动，100 个社会组织党组织和 241 个基层党组织紧扣"红色引领、联动共建"，采取"行业党委+行业协会商会党组织+会员企业党组织""镇街商会党组织+会员企业党组织+村（居）党组织""行业协会商会党组织+上下游产业链党组织"等共建方式，搭建政府、企业、社会组织等不同主体之间的互联互通网络，不少试点社会组织破解了发展难题，激发了创新发展动力，提升了党组织战斗力，形成了诸多值得借鉴和推广的典型经验。

（一）共建基层党组织

通过基层党组织共建行动，能够凝聚不同领域的社会组织，汇集各类资源，促成社会组织跨领域、跨区域合作。广州市社会工作协会党支部牵头，与 5 个社工机构党支部共建，通过联合组建党员社工督导团队，对从化区鳌头镇、吕田镇、太平镇、温泉镇及花都区梯面镇 5 个偏远镇社工站农村社会工作从业者进行理论知识培训、个案工作督导以及协同参与一线服务，既提升一线社会工作者的实务能力和服务水平，也为当地特殊困难群体提供生活救助、心理疏导、情绪支援、社会融入、就业帮扶以及资源链接等帮扶救困服务，改善当地村民生活状况。广州市启创社会工作服务中心党支部与共建党组织签订共建协议，加强与共建单位沟通交流，定期召开座谈会，交流共建意见和建议，共同促进党支部的健康发展。同时，通过共同开展红色教育活动、党史学习教育等系列活动，有效提升了结对共建党组织的党建工作水平。

广州市番禺区南村总商会采取"一对多"的方式，开展社会组织"红联共建"行动，即"镇街商会党组织+会员企业党组织+社会组织党组织+村（居）党组织+职能机关单位党组织"的共建模式，结合单位的特点，不断拓展"红联共建"工作机制的"六共"工作模式，进一步构建起"大统战、大联盟、大融通、大发展"的基层党建新格局。广州市南沙区社会组织党委打造"五红五联"党建品牌项目，培育打造"红色堡垒、红色头雁、红色先锋、红色阵地、红色平台"的"五红"社会组织党组织，积极以"联组织、联党员、联群团、联平台、联群众"的"五联"模式开展党建活动，构筑南沙社会组织党建主干网，将分散在全区社会组织的党建资源、精品服务资源有效整合起来，以"五红"推动"五联"，"五联"促成"五红"，推动全区社会组织党组织及党员聚沙成塔、抱团发力。

（二）共享党建工作阵地

广州市社会组织通过党建工作阵地共享，有效提高党建阵地的使用率，发挥阵地最大效益。广州市社会组织联合会党委建立广州市社会组织党建指导平台、服务交流平台等6个平台组成的广州市社会组织综合服务枢纽网，依托"一网六平台"打造党建阵地，充分发挥党建联动优势，着力打造"党建强、业务强"双强共同体。广州市天河区车陂街道党工委充分挖掘社区阵地资源，积极与街道、社区沟通，链接社区公共文化空间，如党群服务中心，用活社区闲置资源，为公益服务团队提供活动阵地和硬件设施配备。广州市番禺区南村总商会党委将现有党建阵地打造成开放共享的党员活动中心、社会组织文化中心、便民服务中心、发展交流中心和党建孵化中心，向公益组织无偿提供场地及多媒体硬件设备，用于党建工作开展及各项主题教育培训、公益讲座，丰富党建阵地功能，有效发挥党建阵地的价值。

（三）共办党组织活动

广州市社会组织通过联合举办党组织活动，能有效整合不同社会组织资源，创新党建活动形式与内容。广州市律师行业党委依托天河中央商务区各街道枢纽型党群服务阵地，动员各律所党组织、律协各专业委员会、律师骨干资源，联动相关企业，开展扶贫、职业能力提升、联谊社交等主题多样、内容丰富的党组织活动，以党建促进社会组织之间、社会组织与企事业单位的交流。广州市从化区社会组织党委联合广州市从化区社会组织联合会党支部与广州市从化区慈善会党支部，围绕从化区困难农户蔬果滞销难题，开展主题党日活动，动员党员以"党员自费，实购助销"的方式帮助困难农户销售农副产品，切实解决农户困难，拉近党员与群众的距离。

（四）共育党员队伍

广州市黄埔区社会组织培育基地联合党支部充分发挥培育基地的功能和影响力，为尚未成立党组织的入驻社会组织提供指导和经验分享，优先培育基地内的社会组织党组织。有意愿组建党组织但未入驻培育基地的社会组织，通过参访、座谈等方式分享党组织组建经验，逐步将培育基地打造成党组织培育基地。此外，将无党员或者党员不足 3 人的社会组织，纳入培育基地党支部进行培育发展。广州市花都区家庭综合服务中心党支部实施"头雁领航"计划，推行党员"1+N"工作法，由 1 名"清华姐姐"党员工作人员联系组织片区在职、退休、流动党员，通过参与志愿活动，增强党员服务意识。同时，构建"党建+服务联盟"协作模式，"清华姐姐"党支部与街道辖区"两新"组织党组织、社区（村）党组织开展协作共建，健全组织体系、整合党建资源、创新工作载体。

（五）聚焦行业难点问题，将党组织势能转化为发展动能

广州市律师行业党委建立律所党组织"包楼"联系重点楼宇制度。以天河中央商务区甲级写字楼为重点，设立"楼宇法律顾问团"，依托楼宇党群服务阵地设立便民利企法律服务点，由楼宇党群服务阵地工作人员定

期收集楼宇企业法律需求，交由联系律所党组织和楼宇法律顾问团提供低价有偿专业法律服务，促进行业党建与业务协同发展。广州市番禺区南村总商会探索党建引领"商会+"工作模式，将党建工作融入商会多元化服务，通过"商会+法律""商会+院校""商会+医疗机构""商会+金融"的模式，将党建贯穿于企业发展的各方面。例如，商会与党建结对共建单位天地正（广州）律师事务所，在疫情期间成立疫情防控法律服务团队，为30多家会员企业上门送法律服务，全力支持企业全面复工复产①。

广州市医疗行业协会党支部通过发挥行业协会的枢纽作用，整合数十家医疗行业机构资源，以"穗康"小程序为平台，以"穗康健康生活"板块为抓手，开发健康商城、健康服务、健康知识、健康公益等功能板块，将"穗康"打造成丰富多样的便民利民服务平台。广州市越秀区矿泉商会党支部针对如何协助辖区内商协会开展党建工作进行深入探讨，并积极献计献策，制定《矿泉商圈转型升级专项工作思路》，提出专业市场升级转型、商圈微改造、打造旅游时尚文化、产业园区发展的方向和规划，推动矿泉街道经济高质量发展。

三、强化党建引领广州社会组织高质量发展的建议

当前，广州市社会组织量大面广，需要多措并举进一步促进社会组织党建提质扩面。为强化党建引领广州社会组织高质量发展，建议进一步聚焦政治建设、体制机制建设、作用发挥、队伍建设和品牌建设等方面，夯实社会组织党建工作基础。

（一）聚焦政治建设，强化党对社会组织工作的全面领导

一是进一步深化党建与业务"五融合"。坚持和加强党对社会组织的全面领导，建立"五融合"工作机制，在成立登记、年度报告、换届选举、等级评估、评优评先中同步开展党建工作，推进党建与登记管理业务

---

① 《广州市番禺区南村总商会：党建引领聚合力　企业同心谋发展》，金羊网，2022 年 12 月 27 日，https：//news.ycwb.com/2022-12/27/content_ 41262425.htm。

深度融合、一体化发展，持续推进并巩固"党建入章程"工作成效。二是进一步发挥党组织引领作用。推动建立党组织参与社会组织议事决策工作机制，把党的工作融入社会组织运行和发展全过程，确保社会组织发展的正确方向。社会组织管理层将重大事项提交有关会议表决或决定前，应主动听取党组织意见，并根据党组织意见进行完善。三是推动形成风清气正的政治生态。严明政治纪律和政治规矩，严格落实"三会一课"、主题党日、专题组织生活会等制度，规范社会组织党建工作。坚持和完善新党员入党宣誓、重温入党誓词、过"政治生日"等政治仪式，加强党风廉洁建设，加强社会组织党纪国法、廉洁自律和道德教育，定期开展廉洁警示教育，加强政治文化建设，厚植良好政治生态土壤。

（二）聚焦体制机制建设，提高党建工作标准化规范化

一是深化直接联系工作制度。推行市、区社会组织登记管理机关、社会组织党委班子成员直接联系社会组织党组织工作制度，通过开展调查研究、宣传政策等方式，了解所联系社会组织的发展现状、党建工作开展情况、人才资源与党（团）员人数等基本信息，加强针对性指导，帮助解决问题，提高工作成效。二是深化"一社一策"机制，对于单独组建党组织的社会组织，重点抓好配强领导班子、建强党员队伍、增强政治功能和组织力，有效发挥党组织的政治引领作用；对于联合组建党组织的社会组织，重点抓好组建单位之间的联系、积极发展党员、调整优化覆盖结构，避免"联而不合""联而不活"；对于没有党员的社会组织，采取选派党建指导员、加强培训教育等方式，推动落实党的领导和党的工作。三是大力推进社会组织中建立工会、共青团、妇女等群团组织，加强和完善党对群团组织的领导。

（三）聚焦作用发挥，提升党建引领善治能力

一是推动社会组织党建与党委政府中心工作深度融合。深入拓展"党建+"模式，鼓励社会组织党组织主动服务社区第一线，积极解决困难群众急难愁盼问题，助力基层社区治理。引导社会组织党组织和党员带头参与"双区"建设、"双城"联动和实施乡村振兴等国家战略和重点工作。

二是发挥"红联共建"促进作用，不断拓展"红联共建"的方式、内涵。发挥枢纽型社会组织、行业协会商会桥梁纽带作用，联动相关行业、产业链和基层党组织开展共建，扩大共建范围，提升"四个服务"质量。三是发挥宣传阵地辐射作用。开展社会组织党建工作示范点（基地）选树活动和质量提升行动，鼓励社会组织之间的交流与合作。搭建党组织资源共享、服务共建的平台，提升市社会组织党建展览馆、社会组织培育基地"红苗坊"和市、区社会组织党群服务中心、党建工作站辐射作用，不断打造社会组织党员身边的"红色教育阵地"，讲好社会组织故事。

（四）聚焦队伍建设，推进党务工作者队伍专业化

一是拓展党组织书记队伍。推动社会组织负责人和党组织负责人"一肩挑"。有序选派行业管理部门、业务主管单位或属地乡镇（街道）在职（退休）党员干部到社会组织党组织开展党建指导工作，充分激发党组织负责人的"头雁效应"。二是组建专兼职指导员队伍。坚持专兼职结合，从政治素质过硬、综合能力强的党员中组建兼职党建指导员队伍，采取制定工作台账、量化管理等方式，将无业务主管单位的社会组织党建指导任务落实到个人。推动业务主管单位从在职干部、退休干部中选派人员担任兼职党建指导员，充分发挥其组织宣传、联系服务、协调指导作用，将管党建和管业务有机结合起来。三是加强党组织对人才的吸纳。把政治标准摆在首位，加强对社会组织优秀人才的政治吸纳，注重在社会组织负责人、管理层、业务骨干和专职工作人员中发展党员。通过加大发展党员力度、招录和引入党员员工等方式，组织开展"组织找党员、党员找组织、党员找党员"活动，引导"隐形""口袋"党员亮明身份，为建立党组织创造条件。探索未建立党组织的社会组织发展党员工作，重点抓好新产业、新业态、新模式的社会组织中的发展党员工作。

（五）聚焦品牌建设，提升特色项目影响力

一是深化拓展"红联共建"覆盖面。发挥社会组织涉及面广、专业性强、组织发动能力强等优势，以党建引领，搭建各政府、企业、社会组织间互联互通的组织网络，推动跨组织、跨体系协同和区域内不同单位、组

织和群体参与共治，进一步提升社会组织党建工作内生动力。全面铺开社会组织"红联共建"，优化提升"红联共建"质量，推进党建链引领业务链、产业链、供应链、创新链等全链条发展。二是发挥品牌项目示范引领作用。加强社会组织党建工作示范（党员教育）基地建设，做好党的政策宣讲、经验做法传播、建议意见收集等工作，充实参观学习党建示范基地纳入主题党日活动、党员培训教育内容。探索跨行业社会组织之间相互监督检查，鼓励品牌社会组织、4A 级及以上社会组织及区与区之间的"互评互学互促"。三是形成齐抓共管工作格局。建立健全属地管理、行业对口、双重管理的工作机制，完善上下联动、齐抓共管的社会组织党建工作格局。积极推动在行业特征明显、社会组织数量较多的行业，依托行业管理部门成立行业党委，负责相关行业或领域社会组织党建工作。指导推进社区社会组织党建工作由乡镇（街道）、村（社区）党组织兜底管理，不断提升社会组织"两个覆盖"质量。

广州市品牌社会组织战略
的实施路径与优化策略

刘　忠*

摘要： 广州市在全国率先实施社会组织品牌战略。经过多年的探索实践，广州逐渐形成了多层次、立体化的社会组织品牌建设支持体系。本文在分析广州市品牌社会组织战略发展历程基础上，提炼社会组织品牌建设的有效做法，总结广州市推进社会组织品牌战略取得的具体成效，并就如何进一步加强社会组织品牌建设提出建议。

关键词： 社会组织　品牌战略　广州市

社会组织是我国社会主义现代化建设的重要力量，在经济、文化、教育、科技等各个领域发挥着重要作用。截至 2021 年底，全国社会组织共有 90.2 万家，吸纳社会各类人员就业 1100 万人，对经济社会发展的影响力显著提升①。近年来，随着社会组织改革发展的深入推进，我国社会组织正从"数量增长"转向"质量提升"，进入了质量、结构、规模、速度、效益、安全相统一的高质量发展期。2016 年，中共中央办公厅、国务院办公厅印发的《关于改革社会组织管理制度促进社会组织健康有序发展的意见》指出，支持社会组织参与社会服务，加强社会组织能力建设，有计划有重点地扶持一批品牌性社会组织。在民政部印发的《"十四五"社会组

---

* 刘忠，广州科技贸易职业学院智能制造学院党总支书记，广州市社会组织专家库成员。

① 《2021 年民政事业发展统计公报》，中华人民共和国民政部门户网站，2022 年 8 月 26 日，https://www.mca.gov.cn/images3/www2017/file/202208/2021mzsyfztjgb.pdf。

织发展规划》中，将加强品牌建设作为一项重要内容，特别提出"引导社会组织依据章程、业务范围和自身专长优势，开展专业化、差异化、个性化特色服务，形成更多有竞争力的服务品牌"①。

2016 年，广州市在全国率先实施社会组织品牌战略，广州市民政局出台《广州市社会组织品牌战略实施方案》及《广州市品牌社会组织评价指标体系（试行）》，为推动广州市社会组织品牌战略实施提供技术支撑。2020 年，广州出台了地方标准——《品牌社会组织评价指标》，通过建立健全具有广州地方特色的品牌社会组织评价体系，以评促建，推动形成结构合理、功能完善、竞争有序、诚信自律、充满活力的社会组织发展新格局。截至 2022 年，全市共命名 57 家社会组织为品牌社会组织。

一、实施社会组织品牌战略的重要价值与意义

第一，品牌建设是推动广州社会组织高质量发展的重要路径。习近平总书记在党的二十大报告中强调，高质量发展是全面建设社会主义现代化国家的首要任务。社会组织是国家治理体系和治理能力现代化的重要组成部分，大力推进社会组织的高质量发展，对于全面建设社会主义现代化国家具有重要意义。实施社会组织品牌战略能够极大激发社会组织的活力与创新力，提升社会组织的综合能力与竞争力，进而推动社会组织高质量发展。

第二，品牌建设是提升社会组织公信力与社会影响力的重要渠道。品牌是社会组织的标志与符号，公众通过社会组织品牌，建立对组织认知及组织价值的理解。好的品牌可以增强公众对社会组织的积极评价，形成差异化的优势，强化公众对品牌的认同感与忠诚度。通过打造特色化的品牌，提高社会组织竞争优势，为社会组织链接多元化资源。

---

① 《民政部关于印发〈"十四五"社会组织发展规划〉的通知》，中国政府网，2021 年 9 月 30 日，https：//www.gov.cn/zhengce/zhengceku/2021 - 10/08/content_5641453.htm。

第三，品牌建设有助于社会组织优化机构管理。一方面，通过品牌建设，能够促进社会组织全面系统梳理机构发展情况、面临问题及优势，明晰组织的发展规划；另一方面，品牌建设的过程是社会组织全体成员长期探索与学习的过程，在此过程中，能够有效增强社会组织内部凝聚力，同时提升社会组织成员的专业能力，促使社会组织管理向专业化发展。

二、广州市社会组织品牌战略的发展历程

党的十八大以来，广州市积极探索一条具有广州特色的社会组织发展之路，诸多实践和做法产生了良好的示范意义。截至 2022 年 12 月 31 日，广州全市登记注册的社会组织总数为 8004 家，总体规模保持稳定，呈现出注重质量效率的发展态势。广州市在全国率先实施社会组织品牌战略，稳步推进社会组织培育扶持工作。广州市社会组织品牌战略实施的发展历程大致分为三个阶段。

（一）酝酿阶段

2013 年，民政部为深入贯彻落实党的十八大精神和国家"十二五"规划纲要要求，进一步推动社会组织建设与发展，更好地发挥社会组织积极作用，民政部决定开展创建全国社会组织建设创新示范区活动。"全国社会组织建设创新示范区"创建标准主要包括社会组织的发展环境、服务管理、能力建设、作用发挥四个方面内容。2014 年 2 月，广州市被民政部确认为"全国社会组织建设创新示范区"。

为打造社会组织发展新引擎，激发社会组织发展新活力，促进社会组织发展由数量规模型向质量效益型深度转变，广州市民政局制订了《广州市社会组织品牌战略实施方案》，并决定开展 2016 年广州市社会组织品牌创建试点工作。广州市民政局、广州市社会组织管理局组建了由高校专家学者组成的课题组，实地走访了上海、北京、香港特区等地的知名社会组织，通过座谈交流、案例讨论等方式归纳总结知名社会组织发展经验、提炼品牌社会组织构成基本要素，并多次组织社会组织召开座谈会，听取社

会组织对品牌战略实施的意见和建议①。

（二）实施阶段

在前期酝酿的基础上，广州市民政局制定了《广州市品牌社会组织评价指标体系（试行）》，围绕社会组织的品牌基础、品牌建设、品牌作用、品牌文化设置一级指标。在《广州市社会组织品牌战略实施方案》与《广州市品牌社会组织评价指标体系（试行）》的指引下，广州市全面开展社会组织品牌创建工作，寻找并打造一批真正有担当、有能力、有作为、有影响的社会组织。截至 2019 年底，广州市已连续命名 4 批共 34 家社会组织为"广州市品牌社会组织"，其中社会团体 18 家、社会服务机构（民办非企业单位）16 家。经过 3 年多的深入实践，广州市品牌社会组织评价工作已形成标准化、规范化的实施流程，品牌社会组织数量稳步增长。

（三）标准化阶段

2020 年 3 月，广州市地方标准《品牌社会组织评价指标》（DB4401/T 38—2020）正式出台。指标的出台对推动广州市社会组织高质量发展、推进社会组织管理制度改革以及加快形成共建共治共享社会治理格局营造都具有重要意义。通过对国内品牌社会组织建设及评价等方面进行调研，结合广州市品牌社会组织评价实践工作经验，最终形成包括品牌基础、品牌管理、品牌价值 3 个一级指标、11 个二级指标、33 个三级指标的评价指标体系，具有科学性、注重操作性、凸显前瞻性，对广州市社会组织品牌战略具有里程碑意义。

三、广州市实施社会组织品牌战略的主要做法

广州市社会组织品牌战略从酝酿到标准化阶段的大胆探索和创新实践，逐步形成一条具有广州特色的实践路径。此外，粤港澳大湾区建设、《南沙方案》等重大区域发展战略，为广州社会组织的发展提供了重大机

---

① 王淑珺．广州出台品牌社会组织评价指标体系［J］．中国社会组织，2017（3）：41-42．

遇和广阔舞台。广州从建设社会组织培育基地、优化等级评估指标体系、制定地方标准、开展互评互学互促等方面出发，全面推进社会组织品牌战略的实施。

（一）建设社会组织培育基地，推动社会组织专业发展

2012 年，广州市福彩公益金立项 1600 万元重点资助社会组织培育基地建设。2020 年，广州市出台《广州市社会组织培育发展基地管理办法》，对市、区、街（镇）三级社会组织培育发展基地提出了不同的目标。截至 2020 年底，广州共建立了 45 个社会组织培育基地，其中，市级培育基地 2 个，区级培育基地 12 个，群团组织培育基地 12 个，街道（镇）级培育基地 19 个，入驻社会组织近 1500 个。社会组织培育基地成为全市社会组织提升发展能力、获取社会资源、得到专业指导、实现项目落地的综合性支持平台，有力推进了社会组织可持续发展。

（二）优化等级评估指标体系，助力社会组织规范化建设

社会组织等级评估工作是加强社会组织规范化管理的重要举措。同时，等级评估的结果是品牌创建的前提条件。广州市民政局、广州市社会组织管理局制定出台《广州市社会组织等级评估管理办法》，成立了广州市社会组织评估委员会、复核委员会，组建了广州市社会组织评估专家库，适时优化了《广州市社会组织等级评估指标体系》。目前，广州市完成了涵盖社会团体、民办非企业单位和基金会各类别社会组织评估指标体系 19 套，其中社会团体 12 类、社会服务机构（民办非企业单位）6 类、基金会 1 类。

（三）制定品牌社会组织地方标准，为品牌战略实施提供具体指引

2016 年 4 月，《广州市社会组织品牌战略实施方案》出台。2020 年，广州市出台全国首个品牌社会组织评价地方标准——《品牌社会组织评价指标》。指标从品牌基础、品牌管理、品牌价值三个方面对社会组织进行全面评价，各项指标之间有机配合，结构合理，涵盖了评价工作所需的主要因素，经过多年的实践检验，基本反映出评价对象的品牌实力，社会组织品牌建设技术支持体系不断完善。

（四）开展互评互学互促行动，巩固品牌组织创建成果

为进一步检视评估广州市品牌社会组织建设发展成效，深化巩固广州市品牌社会组织培育建设成果，广州市社会组织管理局启动 2022 年广州市品牌社会组织"回头看"暨社会组织"互评互学互促"实地调研工作，以实地调研的形式走访品牌社会组织，了解品牌社会组织的自身发展和创新举措，聚焦品牌社会组织的品牌影响力和示范性，总结经验，梳理模式，进一步擦亮品牌，促进品牌社会组织持续发挥示范引领作用。

（五）发挥品牌组织引领示范作用，积极打造地方范本

社会组织品牌创建是有效推动社会组织发展由数量规模型向质量效益型深度转变，促进社会组织综合能力和发展水平整体跃升，助力社会信用体系建设的重要举措。截至 2022 年底，广州连续创建 7 批共 57 家品牌社会组织，这些社会组织在社会服务、互联网、金融、法律、运输、制造业等不同领域发挥着示范带头作用，用实践探索延伸广州品牌社会组织的品牌效应。7 年来，品牌社会组织立足专业特长，积淀品牌生命力，积极发挥搭建平台枢纽、增强品牌影响力、聚焦行业发展等引领示范作用，积极打造地方范本。

四、社会组织品牌战略实施的主要成效

以品牌社会组织为标杆，引领带动广州市社会组织高质量发展，推动社会组织参与民生建设、营商环境建设、社会治理、粤港澳大湾区建设，助力广州经济社会发展。

（一）提供专业服务，促进社会发展

品牌社会组织通过参与广州市社会组织公益创投活动，提供专业服务，改善民生。一个好的公益项目会对具体的社会"痛点"提出解决方案并落地，但推动公益项目落地需要社会多方力量支持。广州市社会组织公益创投是支持社会组织公益项目落地的重要资源。10 年来，公益创投活动

已累计投入 1.96 亿元福彩公益金，培育上千个公益项目落地，有效支持了品牌社会组织持续开展专业服务。例如，广州市荔湾区逢源人家服务中心多次申报公益创投，聚焦荔湾区西村街道和苑社区困难群体，通过组建邻里志愿服务队，开展社区共融、生活照顾等服务。广州市中大社工服务中心连续两届申报公益创投，围绕困境儿童开展篮球运动等兴趣发展服务，促进儿童健康发展。

（二）优化营商环境，促进经济增长

以行业协会商会为代表的品牌社会组织，在帮助会员企业链接优质服务资源、搭建投融资平台、提供就业岗位等方面发挥了重要作用。作为品牌社会组织的广州温州商会通过举办粤港澳温州人大会，搭建起粤港澳大湾区温州人的联谊交友、信息互通、经验分享、品牌招商、项目合作平台，有效凝聚粤港澳温州人的智慧和力量，助力湾区经济发展。广州金融业协会积极发挥品牌社会组织引领示范作用，持续举办"珠江金融论坛"，助力优化广州金融生态环境，加快现代金融服务体系建设。

（三）参与基层社会治理，助力构建共建共治共享基层治理新格局

2021 年，《中共中央　国务院关于加强基层治理体系和治理能力现代化建设的意见》提出创新社区与社会组织、社会工作者、社区志愿者、社会慈善资源的联动机制。广州市番禺区社会组织联合会作为枢纽型的品牌社会组织，率先尝试在"三社联动"基础上，引入社区企业和社区慈善基金，形成"五社联动"初期发展的模型，为社区撬动并链接了丰富的资源，也为推进共建共治共享的社会治理格局增添新的活力。广州市法泽社会工作服务中心发挥机构专业优势，挖掘社区居民骨干力量，培育在地社区社会组织，激发社区居民参与基层治理的动力与活力。

（四）主动融入湾区建设，推进社会组织协同发展

中共中央、国务院印发《粤港澳大湾区发展规划纲要》以来，粤港澳三地社会组织的交流合作不断拓展与深化。广州市慈善会联合广州日报社等单位，持续举办"广州粤港澳大湾区社会影响力暨公益慈善盛典"。广

州社会组织研究院联合大湾区枢纽型社会组织、社会智库等发起粤港澳大湾区社会组织合作论坛，有效增进大湾区社会组织经验交流与学习分享，促进大湾区社会组织在多个领域深入合作。此外，广州社会组织研究院积极搭建大湾区社会组织职业人才招聘信息发布平台，提升社会组织职业人才招聘信息的触及精准度和招聘效率。

五、优化社会组织品牌战略的策略与建议

（一）加强社会组织品牌建设的策略

品牌一致性策略是将组织经营运营的所有系列服务和产品使用统一品牌的策略。品牌一致性策略，有利于建立"组织识别系统"。这种策略可以使推广品牌产品和服务成本降低，节省大量营销推广费用，利用统一品牌是推出品牌产品和服务最简便的方法。

品牌拓展策略是指组织利用已有一定公信力和影响力的品牌，适时推出改进型升级产品服务或新产品服务。采用这种策略，既能节省营销成本，又能迅速扩大社会影响力。这种策略的实施有一个前提，即扩展的品牌在社会层面已有较高的声誉与知名度，扩展的产品服务也必须是与社会需求相适应的优良产品服务。否则，会影响或降低产品服务已有品牌的声誉。

品牌创新策略是指组织改进或合并原有品牌，设立新品牌的策略。此外，还有品牌孵化培育机制。需要重点关注区域分布和类别比例不均衡的现状，分阶段培育品牌社会组织，打通组织成长的路径。

（二）社会组织品牌战略的优化建议

1. 建立品牌意识和清晰的核心理念

意识是先导，品牌意识是创建品牌的基础。关于品牌意识的树立，可以通过组织培训和行动学习的方式向组织人员传递品牌知识，使其理解品牌价值。而树立长期的、可持续发展的组织核心理念，通常可以以文字和视觉两种形式同时进行，一个强有力的理念是组织的灵魂。明晰的品牌意

识和理念不仅会加深社会的认可和组织的自主性，也会提升组织内员工的认同感。

2. 立足机构使命愿景，优化品牌建设资源

品牌创建是一个系统工程，需要社会组织立足机构使命与愿景，明晰机构发展方向，分析自身优势，方能明确品牌打造所需条件，全面整合资源。一方面，结合机构的使命、愿景、价值观，将组织的发展规划和品牌发展结合起来；另一方面，要根据品牌战略持续合理地投入组织资源，优化资源配置，将品牌建设纳入预算，持续沉淀凝练组织品牌，重视品牌维护，使品牌具有竞争力、延伸力、创新力、引领力和公信力，实现品牌产品化、商标化，不断提升组织的品牌效益。

3. 建立动态评价机制，适时调整品牌战略

建立完善品牌社会组织动态评价机制，从不同主体、不同维度评估品牌实施成效，根据品牌的认知度、美誉度、忠诚度等多维度来评判鉴别品牌建设的情况，通过动态跟进，适时调整品牌建设策略，保持品牌发展的生命力，扩大品牌效益。另外，通过加强沟通合作，了解当前市场的最新进展，在考察与比较中找到自己的品牌定位与特征，及时调整品牌战略。

4. 做好品牌的公益传播和媒体营销

多渠道、多方式宣传推广品牌，有助于建立社会组织良好品牌形象，提高品牌的知晓率。目前，比较常见的传播方式有品牌文化传播、品牌叙事传播、公关传播、广告传播、人际传播、名人效应、网络传播等。常用的传播媒介有广播、电视、微博、微信等，社会组织可结合重大政策战略、焦点热点事件，通过多种渠道及各种媒介对品牌进行宣传推广，不断扩大品牌影响力。

广州市社会组织综合监管体系
构建与机制创新

严国威*

摘要：党的十八大以来，广州市全面深化社会组织管理体制机制改革，建立健全政府部门监管、社会组织自律、社会公众监督相融合的社会组织综合监管体系，持续推进以党的建设引领监管、以法治建设规范监管、以联动协作加强监管、以品牌选树促进监管、以信息公示创新监管、以信息技术赋能监管为主要内涵的社会组织综合监管机制创新。与此同时，广州市社会组织综合监管面临的各类体制机制障碍仍旧存在，亟待在完善政策法规体系、培育行业自律组织、畅通公众监督渠道、打造智慧监管平台等方面持续改进。

关键词：社会组织　综合监管　广州市

党的二十大报告将高质量发展确立为全面建设社会主义现代化国家的首要任务，成为未来一段时期我国经济社会发展的根本遵循。社会组织综合监管体系建设是推动社会组织实现高质量发展的关键环节，也是构筑具有中国特色的社会组织发展之路的重要基石。党的十八大以来，伴随国家治理体系和治理能力现代化的深入推进，我国社会组织综合监管体系建设逐步从分散式管理迈向整体性治理，实现了从原有的单一政府部门主导的行政监管模式转向多元主体共同参与的综合监管模式。在此背景下，广州市全面深化社会组织管理体制机制改革，基本形成了依法管理有据、行政

监管有效、社会组织自律有方、公众监督有力的现代社会组织综合监管体系①。

一、广州市社会组织综合监管体系建设

（一）政府部门行政监管

随着我国社会组织管理体制机制改革逐步深入，政府部门对社会组织的监管逻辑也从单向度管控转向多元化治理，旨在更好地激发社会组织内在活力和发展动力。在此背景下，广州市各级政府部门对社会组织的行政监管出现了三大转向：其一，监管内容从原先侧重于事前监管的行政许可与准入管理逐步转向事前事中事后全流程监管；其二，监管部门从原先的登记管理机关和业务主管单位合作监管逐步转向登记管理机关、业务主管单位、行业管理部门以及公安、财政、税务、审计等政府其他职能部门跨部门联合监管；其三，监管重心从传统的行政监管逐步转向信用监管，更加注重建立健全守信联合激励和失信联合惩戒机制。

一是健全社会组织信息公示制度，加大社会组织信用惩戒力度。依法依规执行社会组织年度报告、重大事项报告等制度，强化对社会组织事中事后监管，推动社会组织信息公开和自律建设，是广州市推动社会组织综合监管从传统的行政监管转向信用监管的重要内容。2022年，广州市先后修订《广州市社会组织重大事项报告工作指引》《广州市社会组织抽查监督办法》《广州市社会组织信息公开办法》等政策文件，落实社会组织活动异常名录、严重违法失信名单、行政处罚等多层次监管措施，有效防范和化解社会组织领域风险。

2022年，广州市全市性社会组织年度报告参报率为95.1%。截至2022年10月底，广州市社会组织管理局将69家未按照规定时限和要求向登记管理机关报送并公示2022年度工作报告的社会组织列入活动异常名录，36

---

① 广州市社会组织管理局执法稽查处：《社会组织监管的广州实践》，载《广州社会组织》，2019年第3期，第13-15页。

家社会组织列入严重违法失信名单，分别较 2021 年增加 4 家和 20 家（如图 1 所示）。

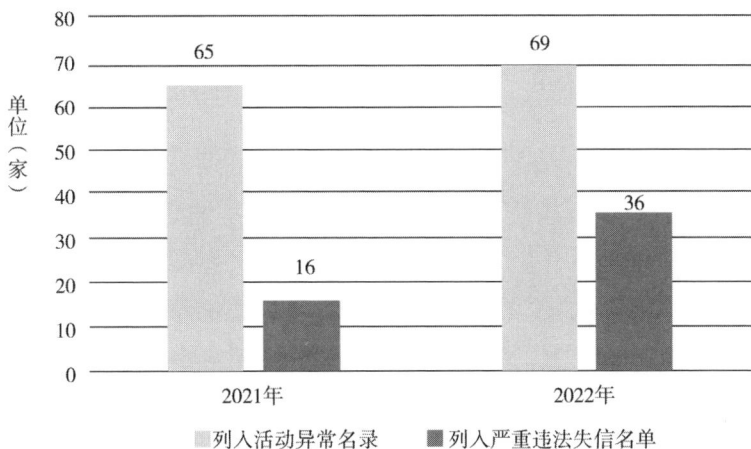

图 1 2021—2022 年广州市纳入活动异常名录和列入严重违法失信名单的社会组织数量

二是完善社会组织"双随机"抽查制度，推进社会组织规范化建设。2022 年 3 月 18 日，广州市社会组织管理局印发修订后的《广州市社会组织抽查监督办法》，明确规定了社会组织抽查监督的组织与实施以及相关责任，具体要求登记管理机关每年按照市级不少于 4%、区级不少于 3% 的比例对社会组织进行抽查。通过实行社会组织"双随机"抽查制度，实现了登记管理机关从重登记轻管理到发展与规范、培育与监管并重的转变，从每年例行检查到动态式重点检查的转变。登记管理机关对抽查中发现社会组织存在的问题，要告知被检查社会组织并依法向社会公布，应当依法处理或移交相关部门处理。与此同时，抽查结果还将作为评估、政府购买服务、税收优惠等工作的重要依据或者参考因素，从而提升了社会组织"双随机"抽查制度的权威性和震慑性①。

三是实施社会组织专项整治行动，常态化打击非法社会组织。部署实施各类专项整治行动是广州市各级政府部门对社会组织实施行政监管的重

_____

① 《关于〈广州市社会组织抽查监督办法〉的政策解读》，广州市民政局网站，2022 年 3 月 23 日，http：//mzj. gz. gov. cn/gkmlpt/content/8/8151/post_ 8151156. html#347。

要手段，为社会组织健康有序发展营造了良好环境。2022 年，按照民政部、广东省民政厅社会组织领域专项行动的部署要求，广州市注重发挥登记管理机关、业务主管单位、行业管理部门以及政府其他职能部门的联合监管作用，统筹推进社会团体分支（代表）机构专项整治、社会服务机构非营利监管、行业协会商会乱收费清理、"僵尸型"社会组织整治以及防范化解社会组织领域重大风险五大专项行动。广州市制定《"僵尸型"社会组织专项整治工作指引（试行）》，建立"僵尸型"社会组织的预防、监管和执法相结合的长效机制。截至 2022 年 10 月底，依法对 24 个全市性"僵尸型"社会组织全部进行分类处理①。

与此同时，广州市打击整治非法社会组织专项行动也形成了良好工作态势。自 2018 年广东省民政厅、广东省公安厅联合召开打击整治非法社会组织专项行动视频推进会以来，广州市参照国家和广东省的做法，积极制订实施打击整治非法社会组织专项行动工作方案，成立广州市打击整治非法社会组织专项行动协作小组、民政系统专项行动领导小组，将专项行动办公室设在广州市社会组织管理局，并对各部门责任分工、打击对象、具体举措等内容进行了明确界定。广州市民政局主动与广东省民政厅加强联系，督促各区开展打击整治行动，加强省、市、区之间的沟通对接和信息线索交换。2022 年，广州市召开市级规范和发展社会组织工作联席会议，印发常态化打击整治非法社会组织相关文件，市、区两级民政、公安部门协同部署、坚决打击整治在广州市活动的非法社会组织。

四是严格规范公正文明执法，切实履行普法宣传教育责任。在实施社会组织抽查监督、社会组织专项整治行动、常态化打击非法社会组织等行政监管举措的过程中，广州市各级社会组织登记管理机关全面落实行政执法公示制度、执法全过程记录制度、重大执法决定法制审核制度三项制度，不断规范行政执法行为。2022 年，广州市社会组织管理局开展年度行政执法考核及行政执法档案评查，组织工作人员学习新修订的《中华人民

① 《广州市社会组织管理局 2022 年法治政府建设年度报告》，广州市民政局网站，2022 年 12 月 26 日，http：//mzj.gz.gov.cn/gznpo/dt/tzgg/content/post_ 8729049.html。

共和国行政处罚法》《社会组织登记管理机关行政处罚程序规定》《广东省民政部门行政处罚自由裁量权适用规则》等文件，全面理解、正确适用行政处罚法，熟练掌握行政处罚程序。与此同时，组织全局干部参加2022年度全市国家工作人员学法考试，不断提升领导干部法律知识素养。举办全市登记管理机关行政执法培训，切实加强执法队伍建设，提升依法监督和依法行政能力。截至2022年10月底，广州市社会组织管理局对全市社会组织行政处罚80宗，实施行政许可395宗，分别较2021年减少了20%和1.7%（如图2所示）①。

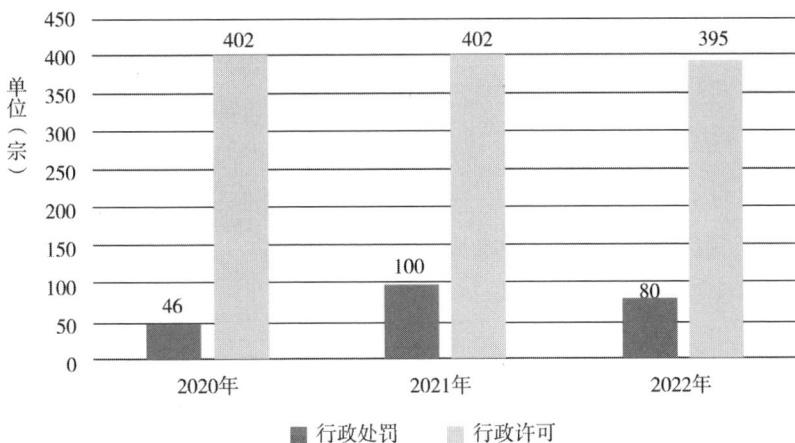

图2　2020—2022年广州市社会组织行政处罚和行政许可数量

与此同时，广州市将法治宣传教育与依法规范行政行为相结合，认真落实"谁执法谁普法"责任，积极打造"互联网+"法治宣传模式。2022年，广州市社会组织管理局联合相关枢纽型社会组织先后对《广州市社会组织信息公开办法》《广州市社会组织抽查监督办法》《广州市社会组织重大事项报告工作指引》等政策文件开展宣传解读。2022年，广州市社会组织联合会持续开展"法在'社'里"社会组织法治教育提升行动，采用培训、研讨沙龙和竞赛等形式，引导全市社会组织工作人员系统学习社会组

---

① 《广州市社会组织管理局2022年法治政府建设年度报告》，广州市民政局网站，2022年12月26日，http://mzj.gz.gov.cn/gznpo/dt/tzgg/content/post_8729049.html。

织内部治理、财税管理、安全生产等国家、省（部）、市各级相关法律法规、规章制度等，培育社会组织工作人员的法治思维。

（二）社会组织行业自律

政社分开、权责明确、依法自治的社会组织制度是中国特色社会组织管理体制的重要内容，依法自治是社会组织实现健康有序发展的重要保障。广州市社会组织综合监管体系在加强政府部门行政监管和法律监管的同时，也不断提升社会组织依法治理和诚信自律水平。

一是推动社会组织自我监督，提升社会组织内部治理和业务活动的合规性。广州市社会组织在日常工作中主动开展自我监督，确保自身内部治理和业务活动合法合规，并沿着正确的政治方向发展。一方面，按照《广州市社会组织管理办法》等法规政策的相关规定，加强内部治理结构及治理机制建设，健全会员大会（会员代表大会）、理事会（常务理事会）、监事（会）、秘书处等内部治理机构，完善民主选举、民主决策、民主管理、民主监督等内部治理机制；另一方面，按照《广州市社会组织信息公开办法》《广州市社会组织抽查监督办法》《广州市社会组织重大事项报告工作指引》等法规政策的相关规定，落实社会组织年度报告、重大事项报告等信息公开制度，提升社会组织风险防范意识，依法主动进行信息公示并自觉接受社会监督。此外，广州市还重视强化社会组织发起人、法人的自我监督责任，在社会组织申请成立、法定代表人变更、注销登记时，要求社会组织发起人、法人填写自律承诺书，对社会组织登记材料的合法性、真实性、准确性、有效性负责。2022年，广州市社会组织管理局深入开展规范社会组织法人治理专项整治行动，进一步健全社会组织法人治理建设，提升社会服务能力、风险防控和安全管理水平。

二是推进社会组织行业自律，引导本行业本领域社会组织健康有序发展。广州市着重强化社会组织诚信自律建设，充分发挥枢纽组织和标杆组织的引领作用，促进本行业本领域社会组织实现健康有序发展。主要措施包括出台社会组织自律与诚信建设文件，召开加强社会组织自律与诚信建设推进会，利用新媒体展示开展自律诚信建设成果。2022年，同时引导一批行业协会商会和枢纽型社会组织举办形式多样的诚信建设宣传活动，在各行业各领域各会员单位内倡导诚信自律。例如，广州市社会组织联合会向全市社会组织发出《广州市社会组织诚信建设倡议书》，动员全市社会组织负责人签署诚信自律承诺书。广州市家庭服务行业协会深入开展"诚信家政"行动，进一步完善家政行业诚信自律平台建设。广州市慈善组织社会监督委员会和广州注册会计师协会联合制定了《广州市慈善组织监督审计指引》，成为全国首个针对慈善组织审计的行业规范。此外，广州市还持续开展社会组织"互评互学互促"活动，为社会组织高质量发展营造良好的行业生态。

与此同时，广州市社会组织还充分发挥自身的行业优势和专业优势，主动参与国家标准、地方标准、团体标准、行业规范等标准化成果的制定，以标准化建设提升本行业本领域社会组织自律水平。广州市社会组织联合会、广州市社会组织文化传播协会、广州社会组织研究院、广州社联困境儿童关爱中心参与起草的《社会组织应对突发公共卫生事件防控规范》（DB4401/T 139—2021）自 2022 年 2 月 1 日起实施，成为全国首个社会组织应对突发公共卫生事件防控的地方标准。广州市社会福利与养老服务协会参与起草的《养老机构护理等级评定规范》于 2022 年 2 月 18 日发布，对广州市养老机构老年人护理等级评定的评估指标、评估要求、评估程序、评定等级划分以及评估质量监督和改进进行了规定。广州社会组织研究院参与起草的《社会组织能力建设指南》（DB44/T 2368—2022）和《社会组织管理人才培养指南》（DB44/T 2369—2022）两项广东省地方标准于 2022 年 7 月 5 日发布，成为国内首批社会组织综合能力建设和管理人才胜任力提升的地方标准。

（三）社会公众监督

社会监督和舆论监督是社会组织外部监督的重要形式，也是完善社会组织综合监管体系的必要环节。近年来，广州市社会组织持续畅通社会监督渠道，不断丰富社会监督场景，充分发挥社会监督的外部约束作用。以社会组织信息公开和信用体系建设为内核，以互联网平台为主要载体，广州市已经在全国范围内率先探索出一条社会组织公众监督的特色路径。

一是公开政府部门行政监管结果，保障公众的知情权。在实施行政监管过程中，广州市不断强化行政许可、行政处罚"双公示"，落实"双随机、一公开"结果公开，依法向社会公告各类行政处罚和取缔情况，及时对社会各界的监督作出有效回应。

二是畅通公众利益诉求表达渠道，保障公众的参与权。广州市在制定社会组织领域政策法规的过程中，坚持推行科学民主决策，按程序公开征求公众意见，同时发挥法律顾问决策咨询作用。进一步完善社会组织领域投诉举报受理机制，畅通社会组织服务对象和普通公众合理表达诉求的便利化渠道。探索有奖举报、发展志愿监督力量、培育专业监督机构等措施，鼓励新闻媒体、社会公众、服务对象、专业机构等社会力量对社会组织内部治理和业务活动的合规性进行监督。例如，广州市慈善组织社会监督委员会成为全国第一家慈善组织第三方社会监督机构。2022年在打击整治非法社会组织行动中，广州市民政局通过官方网站、微博、微信公众号等渠道，宣传甄别非法社会组织的方式和方法，鼓励公众通过举报电话举报非法社会组织。

三是设立依法行政社会监督员，规范行政执法行为。广州市民政局、广州市社会组织管理局主动聘请人大代表、政协委员、新闻媒体、服务对象等担任依法行政社会监督员，全程参与行政执法监督活动。与此同时，引入第三方力量参与社会组织管理部门年度依法行政考核，依法对社会组织管理部门行政执法工作进行监督和评价。

二、广州市社会组织综合监管创新机制

广州市在建设政府部门监管、社会组织自治、社会公众监督相融合的社会组织综合监管体系的过程中，按照建立健全统一登记、各司其职、协调配合、分级负责、依法监管的中国特色社会组织管理体制的总体要求，不断创新社会组织综合监管机制。

（一）以党的建设引领监管

在监管实践中，广州市始终坚持党的领导与社会组织依法自治相统一，把社会组织党建工作纳入全市党建工作总体布局，深度融入社会组织发展全过程。广州市通过实施社会组织党建工作提质扩面行动、"红联共建"行动以及落实"三会一课""第一议题"制度等举措，推动一批社会组织建立党组织参与社会组织议事决策机制，党组织的政治引领作用和政治监督得到持续增强。与此同时，广州市通过建立社会组织学习大讲堂、汇编月度党务学习资料、开设党组织负责人示范班以及开设社会组织从业人员系列能力建设培训活动，不断增强社会组织党员的政治判断力、政治领悟力、政治执行力。

（二）以法治建设规范监管

广州市在全国率先以地方政府规章形式制定出台《广州市社会组织管理办法》，设立了"监督管理"专章，对登记管理机关、业务主管单位、社会组织的监管职责进行了具体规定。《广州市慈善促进条例》对慈善行业组织及行业自律建设、慈善社会监督机构建设等进行了明确规定。与此同时，广州市还不断出台和修订社会组织综合监管政策文件。2022年，广州市先后制定或修订《广州市社会组织重大事项报告工作指引》《广州市社会组织抽查监督办法》《广州市社会组织信息公开办法》《广州市社会组织公益创投项目管理办法》《广州市社会组织专家库管理办法》等制度文件。广州市通过持续加强社会组织领域政策体系建设，为政府部门依法监管、社会组织依法自治和社会公众依法监督提供了制度保障。

（三）以联动协作加强监管

广州市建立了由分管副市长担任召集人的广州市发展和规范社会组织工作联席会议制度，完善了跨部门社会组织综合监管的领导机制。同时，还建立健全多部门联合执法机制和风险隐患预警机制，不断完善社会组织领域案件调查互助和信息共享机制，在社会组织日常监管以及专项整治行动中实现了登记管理机关、业务主管单位、行业管理部门、政府其他职能部门有效联动。与此同时，广州市着力建设全市社会组织信息公示平台，

在社会组织信用监管方面实现了省、市、区三级社会组织登记管理机关
联动。

（四）以品牌选树促进监管

广州市社会组织综合监管工作在加强防范社会组织领域重大风险的同
时，也注重对社会组织的培育扶持和品牌选树，充分发挥品牌社会组织在
社会组织综合监管中的示范引领作用，实现约束与激励的动态平衡。广州
市秉持"以评促建、以评促改"的原则，扎实推进社会组织等级评估工
作，不断完善社会组织等级评估团体标准和工作指引，提升社会组织内部
治理和业务活动的规范化水平。2018—2022 年，广州市社会组织管理局组
织开展了 8 批次全市性社会组织等级评估工作，评估结果显示，获评 5A
级的社会组织占比为 22.4%，3A 级及以上占比 81.7%（如图 3 所示）。在
此过程中，广州市涌现了一批获评"全国先进社会组织"和"广东省先进
社会组织"等综合能力强、作用发挥好的优秀社会组织。

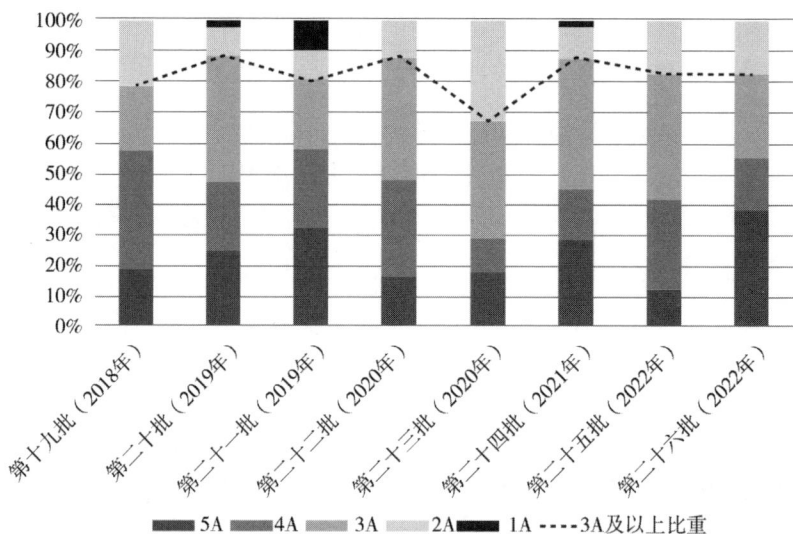

图 3　2018—2022 年广州市第十九批至第二十六批社会组织等级评估结果①

① 数据来源于广州市社会组织管理局发布的第十九批至第二十六批全市性社会
组织等级评估结果的公告。

与此同时，广州市积极选树品牌社会组织，示范带动全市社会组织加强自身建设、提升服务能力。2016—2022年，广州市社会组织管理局组织开展了7批次品牌社会组织评价工作，累计命名57家"广州市品牌社会组织"，其中社会团体32家、社会服务机构（民办非企业单位）25家（如图4所示）。2022年，广州市社会组织管理局组织开展广州市品牌社会组织"回头看"和"互评互学互促"活动，鼓励社会组织跨行业跨领域相互学习借鉴，全市250多家社会组织参与。

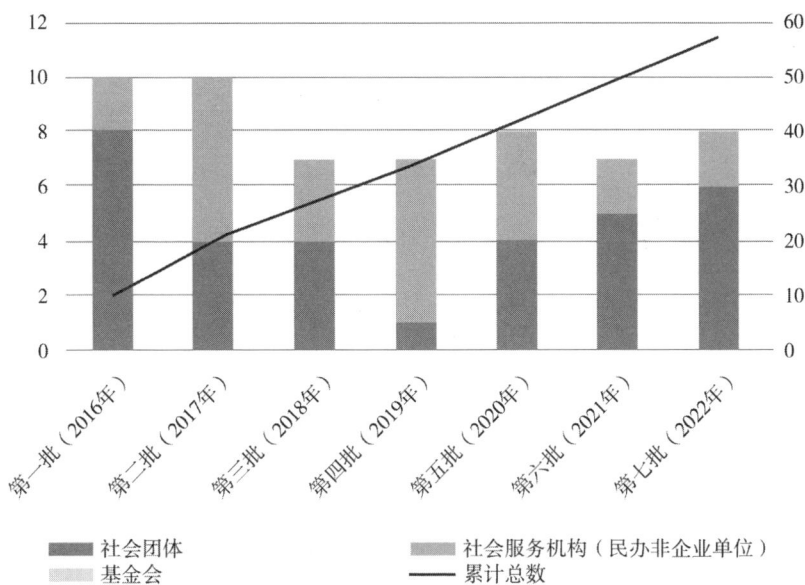

图4　2016—2022年第一批至第七批广州市品牌社会组织①（单位：家）

（五）以信息公示创新监管

广州市主动适应信用社会建设要求，逐步将社会组织监管重心从行政管控转向信用监管，更加注重社会组织信息公开制度和社会组织信用体系建设。广州是国内最早推行社会组织年度报告制度的地区之一。与社会组织年度报告制度建设相配套，广州市加强全市社会组织信息公示平台建设，严格落实社会组织异常活动名录和严重违法失信名单制度，建立社会

① 数据来源于广州市社会组织管理局发布的第一批至第七批"广州市品牌社会组织"命名公告。

组织守信联合激励和失信联合惩戒通报机制，营造社会组织"守信受益、失信惩戒，一处失信、处处受制"的社会环境①。

（六）以信息技术赋能监管

技术赋能在优化政府监管决策体系、提升国家监管能力、减少监管成本的同时，也有助于增强社会组织的诚信与自律②。近年来，广州市积极探索互联网和大数据技术在社会组织综合监管中的应用。一是加强市、区两级统一的社会组织信息公示平台建设，不断优化社会组织信息公示平台界面和功能，在社会组织登记成立网上业务中实现党建工作自动嵌入，公众查询社会组织数据更加便利。二是按照广州市政府统一部署，市、区两级社会组织管理系统全面接入广州市"一窗办事"平台。三是推动"广州市社会组织信息公示平台"与"广州慈善信息发布平台"数据交换，实现慈善组织基本信息互联互通。2022年，广州市持续推进社会组织法人库建设和数据提升工作，完成市本级社会组织法人库的比对确认工作。在实施专项整治行动中，广州市民政局通过政府购买服务的形式，委托第三方机构运用"互联网+"、大数据等信息化手段，重点排查七大类非法社会组织，信息技术在社会组织综合监管中的基础性支撑作用得到更好彰显③。

三、完善广州市社会组织综合监管体系的对策建议

党的十八大以来，广州市建立起政府部门监管、社会组织自治、社会公众监督相融合的社会组织综合监管体系，社会组织监管实现了从分散式管理向整体性治理的转向。这主要表现为：一是监管主体从单一政府部门

---

① 《广州建立社会组织守信联合激励和失信联合惩戒通报机制》，广州市社会组织管理局网站，2020年12月10日，http：//mzj.gz.gov.cn/gznpo/dt/gzdt/content/post_ 6959391.html。

② 关爽，李春生.走向综合监管：国家治理现代化背景下社会组织治理模式转型研究［J］.学习与实践，2021（7）：104-114.

③ 《广州市社会组织管理局2022年法治政府建设年度报告》，广州市民政局网站，2022年12月26日，http：//mzj.gz.gov.cn/gznpo/dt/tzgg/content/post_ 8729049.html。

转向党领导下的多元主体共同参与，更加突出社会组织的自律自治以及公众和舆论的社会监督，政府部门监管也从登记管理机关和业务主管单位合作监管转向多部门联合监管。二是监管内容从原先的事前监管转向事前事中事后全流程监管，体现出当前社会组织综合监管体系的建设方向正在从准入性监管拓展至过程性监管。三是监管方式从物理空间监管转变为线上线下监管相结合，信息技术在社会组织监管过程中发挥了更为基础的支撑作用。四是监管重心从行政管控转向信用监管，更加注重社会组织信息公开制度和社会组织信用体系建设，强化守信联合激励和失信联合惩戒机制的引导作用。

迈入新发展阶段，对社会组织的发展提出了更高要求，广州市社会组织综合监管机制的持续创新也面临一些挑战：一是法规政策体系建设有待加强，部分政策法规之间有效衔接还不够；二是社会组织行政执法队伍执法能力还需加强，跨部门联合监管机制需要进一步优化；三是社会组织行业自律组织数量还不多、少数社会组织行业建设能力还比较弱；四是公众监督机制还有提升空间。面对上述挑战，本文具体提出如下四方面对策建议。

一是推进社会组织领域立法工作，强化基础制度建设。以修订《广州市社会组织管理办法》为契机，进一步厘清登记管理机关、业务主管单位、行业管理部门、政府其他职能部门的监管内容及法律责任，加强社会组织管理部门执法队伍建设和社会组织行业自律组织建设的基础保障，完善社会组织退出机制。与此同时，出台相配套的法规细则和工作指引，各级社会组织管理部门和枢纽型社会组织积极做好相关普法宣传教育工作。

二是发挥枢纽型社会组织的桥梁纽带作用，提升行业自律水平。鼓励和支持社会组织按照"以评促建、以评促改"的原则，面向会员单位依法开展各类评估评价活动，加强社会组织及其从业人员的法律培训，引导社会组织规范化发展。发挥品牌社会组织的辐射带动作用，带领周边社会组织持续开展"互评互学互促"等行业建设活动。培育发展各行业各领域社会组织行业自律组织，加强行业自律方面的建章立制，促进社会组织行业自律、诚实守信、依法规范运作。通过项目委托、公益创投、以奖代补等措施，鼓励社会组织积极参与制定各行业各领域团体标准、行业规范等标准化成果，以标准化规范社会组织发展。

三是持续拓展公众监督的多元化渠道，增强社会监督效能。继续推进普法宣传进社区、进学校、进商圈，打造包括互联网、电视、纸媒、地铁、商场在内的多元化宣传平台，更好宣传社会组织综合监管工作，提升公众的参与意识。通过培育发展社会组织社会监督机构、设立依法行政社会监督员等方式，探索建立专业化、社会化的第三方监督机制。完善社会组织第三方评估机制，根据广州市经济社会发展实际以及社会组织发展需求，不断创新社会组织评估理念和方法。推动社会组织完善新闻发言人制度，探索建立社会监督接待机制，对公众关于社会组织信息公开、内部治理和业务活动合规性的监督投诉进行及时反馈和改进。

四是提升社会组织综合监管信息化水平，打造智慧监管平台。继续推进市、区社会组织信息平台建设及功能优化，各区民政部门应及时将实行备案管理的社区社会组织纳入社会组织信息管理系统，持续提升社会组织信息公开质量。加强社会组织信用信息记录、公开和共享，同时优化社会组织数据公众查询服务和数据开放共享。探索建立登记管理机关、业务主管单位、行业管理部门、政府其他职能部门行政监管信息共享交换机制，保证政府部门行政监管信息互联互通，在此基础上依托社会组织信息平台，搭建社会组织综合监管智慧平台，对全市社会组织进行动态分级管理和风险研判。

广州市社会组织公益创投实践
创新与经验启示[*]

赖伟军^①

摘要： 作为政府推动社会组织培育发展的一项重要制度创新，广州市社会组织公益创投活动自 2014 年发起举办首届以来至今已走过 10 年探索。无论从资金投入总量还是从行业品牌影响力打造来看，其均已成为国内政府公益创投行动的一个标杆。本报告旨在对广州市社会组织公益创投活动 10 年的发展历程加以梳理，总结其在 10 年探索基础上积累形成的相关核心经验，挖掘分析广州实践取得的若干成效，并针对其行动开展过程中存在的相关问题提出策略性优化建议，以期为国内其他城市政府公益创投的实践开展提供参考借鉴。

关键词： 公益创投　社会组织培育　广州市

在国际层面，"公益创投"（Venture Philanthropy）的价值理念及相关工作模式最早起源于 20 世纪 90 年代末，希望通过将商业领域的风险投资机制与慈善基金会资助行为进行结合，实现对自己所支持公益慈善事业的更深度参与和介入，并以此达到有效推动受资助非营利机构能力提升的目标。2006 年，公益创投概念被引入中国，随后逐渐演化发展出两大主要业

　＊　本文系国家社科基金项目"新时代筹款类微公益的公信力研究"（项目编号：18BSH109）及深圳市哲学社会科学规划项目"共同富裕背景下慈善基金会有效促进第三次分配研究——以深圳为例"（项目编号：SZ2023D009）的阶段性研究成果。

　①　赖伟军，深圳市社会科学院社会发展研究所副研究员，广州社会组织研究院特约研究员。

务形态。一种是与其早期起源类似，由各种创投基金及公益基金会发起的，旨在给一线非营利组织提供包括资金资助和非资金能力建设培育等在内全方位支持的传统公益创投项目。与此同时，经过一定的本土化改造，公益创投理念也逐步进入各级政府部门推动社会组织发展的工作视野，并由此衍生出国内另一种重要创投模式，即由政府部门主导开展的各类公益创投活动。

2014 年，广州市民政局举办首届广州市社会组织公益创投活动，至今已持续举办 10 年。无论从资金投入总量还是从行业品牌影响力打造来看，广州市社会组织公益创投活动都已成为国内政府公益创投的标杆。本报告旨在对广州市社会组织公益创投 10 年的发展历程加以梳理，总结其在 10 年探索基础上积累形成的核心经验，分析广州实践取得的若干成效，并针对其可能存在的相关问题提出策略性优化建议。

一、广州市社会组织公益创投 10 年基本概况

2023 年 6 月，第十届广州市社会组织公益创投活动举行项目签约大会，这标志着自 2014 年启动的广州市社会组织公益创投活动正式进入第十个项目实施年份。10 年来，广州市民政局积极探索，持续投入，培育支持了一大批本土优秀社会组织，推动非营利机构扎根一线开展了大量社会服务及基层治理参与项目。报告首先尝试从资金投入规模及项目支持数量角度对 10 年来广州公益创投活动开展的基本概况加以梳理介绍。

（一）公益创投资金投入情况

首先，从创投的整体资金投入情况来看，根据广州市社会组织公益创投历年发布的相关活动通告及各类媒体公开报道数据进行梳理汇总统计，自 2014 年举办首届社会组织公益创投活动以来，10 年间广州市累计投入资助资金总额超过 1.8 亿元①，平均每年达到 1821 万元，其中，投入最少的一年为 2021 年，金额为 1450 万元，投入最高为 2017 年、2018 年与

---

① 注：1.8 亿元不含公益创投承办机构的执行费用。

2019 年，金额均为 2240 万元（如图 1 所示）。

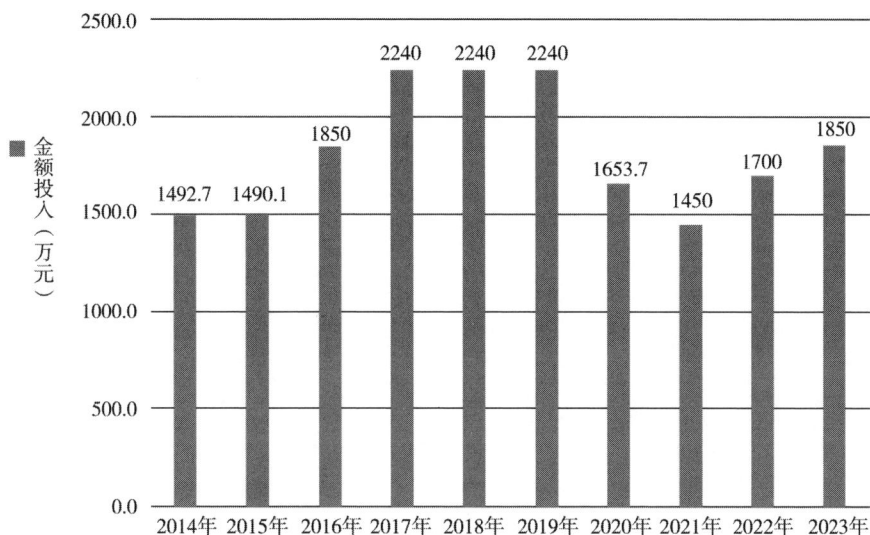

图 1　2014—2023 年广州市社会组织公益创投资助金额

进一步从资金投入的历年发展趋势来看（如图 1 所示），广州市社会组织公益创投活动前六年资金投入整体呈现逐渐递增的趋势。其中，2017年第四届至 2019 年第六届公益创投活动更是达到资金投入的峰值，连续 3年投入金额均为 2240 万元。2020 年和 2021 年，受新冠肺炎疫情等多重因素的影响，创投资金投入量出现一定的下滑。不过，近两年来广州市社会组织公益创投资金投入重新呈现增长趋势，2022 年第九届和 2023 年第十届活动分别投入创投支持资金 1700 万元和 1850 万元。

（二）公益创投资助项目数量

与资金投入总体规模相对应，另一个能够直观呈现广州市社会组织公益创投活动开展概况的关键指标是其历年资助支持的项目数量。同样根据公益创投历年发布的活动通告及相关媒体公开报道数据进行汇总统计，10年间广州市社会组织公益创投累计资助各类项目数量达到 1328 个，平均每年约为 133 个，其中除 2020 年以外其他年份的项目资助数量均在 100 个以上（如图 2 所示）。

从广州市社会组织公益创投活动资助项目数量的历年变化趋势来看

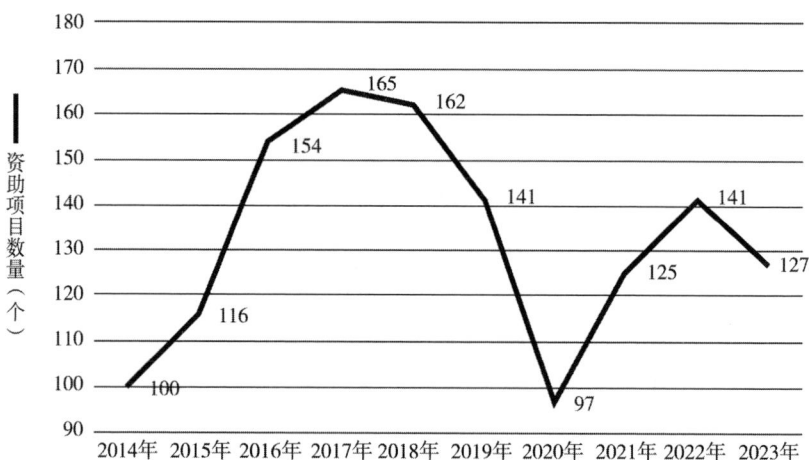

图2　2014—2023年广州市社会组织公益创投资助项目数量

（如图2所示），基本上和资金投入情况形成对应关系。其中，社会组织公益创投开展的前五年，随着广州市民政局每年投入支持资金规模的增长，年度项目资助数量整体呈逐渐递增趋势，从2014年第一届的100个项目逐步增加到2018年第五届的162个。2020年第七届公益创投活动资助项目数量下降至历史最低值的97个，2021—2023年，创投资助项目数量又逐步呈现一定的上升趋势，尤其是2022年第九届广州市社会组织公益创投项目资助数量恢复至141个。

（三）公益创投项目领域分布情况

除了总体项目资助数量，还可以进一步从不同议题领域的具体项目资助情况对广州市社会组织公益创投活动开展概况加以分析。与国内多个地方政府发起的公益创投活动类似，广州市社会组织公益创投资金主要来源于市本级福利彩票公益金的支持，因而其项目资助领域相应受到一定程度的约束和限制。由于福彩公益金的拨付使用通常需要遵循"扶老、助残、救孤、济困"的基本宗旨，社会组织公益创投项目资助也必须围绕相关工作方向展开。需要特别说明的是，2014年第一届至2021年第八届广州市社会组织公益创投资助领域包括为老服务、助残服务、青少年服务、救助帮困及其他公益项目5类。2022年第九届广州市社会组织公益创投资助领域新增"社区治理类"项目，资助范围调整为为老服务、助残服务、未成年人保护、救助帮困及社区治理5类。因此，本报告从为老服务、助残服务、儿童青少年服务、救助帮困、社区治理及其他类公益项目6类进行总结。

2014—2023年，广州市社会组织公益创投共资助1328个项目，其中，为老服务项目数量最多，达到423个，占广州公益创投总体资助项目数的31.9%；儿童青少年项目268个，占所有资助项目总量的比例为20.2%。"一老一小"服务项目占比总和超过52%，表明这两大议题项目构成广州市社会组织公益创投资助的主要领域。除了上述两大领域，福彩公益金支持项目还包括助残服务和救助帮困两个类别，两类资助项目数量分别为201个和113个，总体项目占比分别是15.1%、8.5%。2022年以来，资助的社区治理类项目46个（如图3所示）。此外，其他类项目资助数量达到277个，其中具体项目议题包括环境保护、社会组织能力建设等多元内容，表明广州市社会组织公益创投在不断拓展尝试其他资助领域。

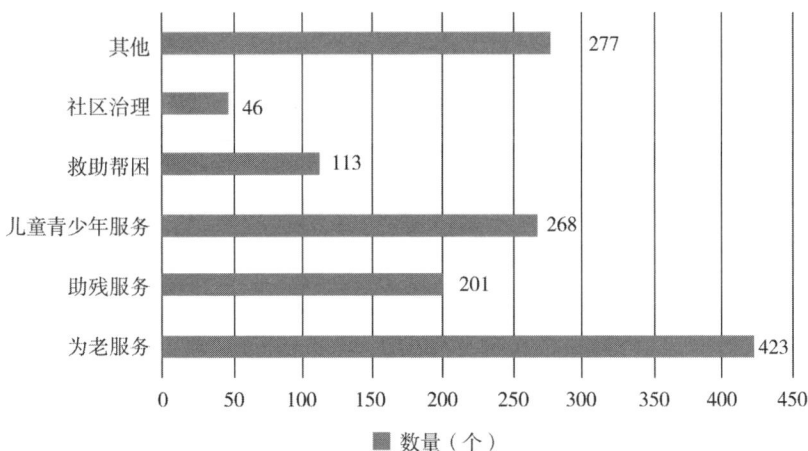

图3　2014—2023年广州市社会组织公益创投不同领域项目资助情况

二、广州市社会组织公益创投的行动经验

经过10年的持续探索与实践，广州市社会组织公益创投行业品牌影响

力得到不断扩展和提升，逐渐成为国内地方政府主导发起公益创投的标杆性活动，而这种行业影响力的积累和获得离不开创投活动本身采取的一系列有效举措。报告尝试围绕广州市社会组织公益创投10年来的实践经验展开总结梳理，以期为国内其他地区相关政府部门探索推动公益创投行动提供参考借鉴。

（一）建立制度规范

广州市社会组织公益创投的推动开展特别重视制度规范的建立及其有效执行，以此为创投活动的顺利推进提供基本制度保障。比如，为保证2014年第一届公益创投活动有序开展，广州市民政局联合市财政局在2013年10月提前筹划编制《广州市社会组织公益创投项目管理办法》（以下简称《管理办法》），并第一时间印发至市区两级各相关业务单位。《管理办法》分7个部分，分别从活动总则、行动主体、项目征集、项目评审、项目实施、项目监测及附则方面对社会组织公益创投作出详细安排，为首届公益创投活动的顺利开展提供了重要制度保障。此后，根据历年创投活动经验积累及实际工作需要，广州市社会组织管理局又分别在2019年6月和2023年1月对《管理办法》进行了相应修订，尤其是2019年修订版将有关公益创投项目的"绩效评估"内容单独成章，对社会组织公益创投活动开展的各环节作出更加详细规定①，而2023年修订版则在2019年版基础上进行了进一步结构调整和优化。

除了活动总体《管理办法》本身的研究制定，为保证上述社会组织公益创投规章制度得到有效落实和执行，广州市民政局、广州市社会组织管理局及相关活动承办单位在内的各创投行动主体还先后配套制定了一系列活动操作性规范文本。比如，针对2014年第一届公益创投活动，广州市社会组织管理局在《广州市社会组织公益创投项目管理办法》基础上，配套编制了《广州市首届社会组织公益创投活动实施方案》《广州市社会组织

---

① 《广州市社会组织管理局关于印发〈广州市社会组织公益创投项目管理办法〉的通知》，广州市社会组织管理局网站，2019年6月27日，https：//www.gz.gov.cn/gfxwj/sbmgfxwj/gzsshzzglj/content/post_ 5487729.html。

公益创投项目评分标准》等规范性文件，为首届社会组织公益创投提供具体指引。作为第一、第二届社会组织公益创投活动的承办单位，为有效提升社会组织在执行创投项目过程中的规范化管理水平，广州市创意经济促进会针对 2015 年第二届社会组织公益创投行动精心编制了《广州市第二届社会组织公益创投项目规范化操作指引》。此外，广州市社会组织联合会作为多届社会组织公益创投活动承办单位，先后参与制定了《广州市社会组织公益创投活动项目实施指引手册》《广州市社会组织公益创投活动安全管理规范指引》等操作文本。上述一系列政策规范、相关配套文件的研究编制，为广州市社会组织公益创投活动的可持续开展提供了重要制度保障。

（二）适时调整制度规则与资助策略

在建立明确制度规范及其配套执行政策的基础上，广州市社会组织公益创投活动的推进开展，无论在总体制度规则还是在具体项目资助策略上同时保持着持续迭代更新和适时灵活调整。在制度规则层面，2013 年 10 月、2019 年 6 月及 2023 年 1 月前后三个版本的《广州市社会组织公益创投项目管理办法》除了在篇章结构上不断优化，其更为关键的更新调整还在于通过总结阶段性操作经验，针对若干核心条款进行的适时修订。比如，基于前五年公益创投实践经验积累，2019 年修订的《广州市社会组织公益创投项目管理办法》，将社会组织公益创投单个项目资助金额的上限从 30 万元提升至 50 万元，并允许 30% 比例的公益创投资金用于项目人员费用支出，在一定程度上强化了对社会组织参与公益创投的支持力度及其资金使用灵活度。此外，2023 年最新修订的《管理办法》进一步将为老、助残、儿童青少年及救助帮困类项目资助资金的限额提高到 80 万元，降低初创期社会组织首次参与公益创投自筹经费比例要求。同时，针对参与创投的社会组织注册地不再设限。通过创投实践经验的不断积累，相关政策核心条款的迭代更新无疑为广州市社会组织公益创投活动开展注入了持续创新动力。

除了制度规则层面的持续更新迭代，广州市社会组织公益创投在具体项目资助方向上也根据全国社会服务及社会组织发展领域新形势进行适时调整。比如，2017 年以来为老服务一直在广州历届社会组织公益创投项目资助板块中占据核心地位，其中 2017—2019 年更是连续向为老服务领域投入创投资金 1000 万元。这一资助策略的调整源于 2016 年 7 月中央支持在全国开展居家和社区养老服务改革试点工作，广州作为首批试点城市通过加大为老服务领域创投资助力度给予积极响应。而从 2018 年第五届创投活动开始，在国家层面不断加强社会组织党建工作的政策助推下，广州社会组织公益创投也着力推动打造"党建+公益"的城市创投名片，在创投行动中支持鼓励包含党建及党员参与社会服务等内容的申报项目。此外，为落实民政部《培育发展社区社会组织专项行动方案（2021—2023 年）》及《广东省培育发展社区社会组织专项行动方案（2021—2023 年）》相关工作安排，广州市社会组织公益创投活动自 2021 年起尝试在"其他类"项目板块投入专项资金对社区社会组织培育发展及其社区治理创新参与项目给予重点支持，并在 2022 年第九届和 2023 年第十届社会组织公益创投活动中直接将其他类项目调整为"社区治理类"项目，从而对相关议题工作进行专项支持。总体来看，通过相关资助策略的灵活性调整，广州市社会组织公益创投持续释放出新活力。

（三）鼓励撬动多元资源

相较于国内其他城市开展的社会组织公益创投，广州市社会组织公益创投活动特别强调政府资金资助之外的多元社会资源撬动，某种程度上这也成为广州市社会组织公益创投最具特色的核心制度设计之一。根据广州市民政局 2013 年 10 月制定的《广州市社会组织公益创投项目管理办法》规定，所有创投入选项目的经费资助标准为专家评审小组审核确定项目预算的 60%（最高不超过 30 万元），这就意味着剩余 40% 的项目经费需要社会组织通过其他途径进行自主筹集。后续修订的《管理办法》也基本延续这一做法。其中，2023 年最新修订的《管理办法》为鼓励初创期社会组织积极参与创投申报，将新成立不足两年且首次参与公益创投申报的社会组织自筹项目经费比例下降调整为 20%，但同时仍积极支持社会组织进行项目资金自筹，明确提出对自筹经费比例较高的项目在同等条件下给予优先资助。

为鼓励社会组织积极开展社会资源筹集，社会组织公益创投承办单位积极搭建资源平台。比如，从2016年第三届公益创投开始，承办单位广州市社会组织联合会通过与中国乡村发展基金会（原中国扶贫基金会）建立战略合作关系，为入选创投项目搭建网络募捐平台，积极拓宽社会组织多元资源动员渠道。在此基础上，2018年第五届公益创投活动，广州市社会组织联合会进一步联合广州市慈善会、广州市广益联合募捐发展中心等本土慈善组织，支持创投项目同时在腾讯公益和广益联募两个公开募捐平台进行网络资源筹集动员，积极推动广州本土公益生态体系建设。此外，广州市社会组织联合会尝试通过引入企业捐赠资源、动员公益基金会支持等多种形式，为社会组织公益创投项目搭建更广阔的社会资金筹集平台。基于政策制度的支持鼓励和资源平台搭建的双重推动，10年来，在广州市公益创投活动累计投入近2亿元福彩公益金的同时，也引导推动社会组织撬动其他各类社会资金超过1亿元，社会组织公益创投活动的多元资源撬动效应得到初步显现。

（四）注重社会组织能力建设

广州市民政局、广州市社会组织管理局十分关注社会组织公益创投主体的能力建设，除了提供有力的资金保障，还鼓励承办单位为社会组织提供专业咨询服务与能力建设支持。一方面，通过制定并修订《广州市社会组织公益创投项目管理办法》，明确要求活动承办单位需承担为获选项目团队提供专业咨询服务和能力建设支持的责任，通过系统能力建设推动社会组织项目实施成效及其项目团队整体能力的有效提升；另一方面，根据社会组织阶段性需求，活动承办单位积极开展各类专业化培训活动。在第一、第二届社会组织公益创投中，承办单位重视项目规范化管理，为创投的社会组织开展项目实施规范化培训。随着第三届公益创投网络募款平台的上线，为有效支持和推动创投主体开展网络募捐工作，广州市社会组织联合会联合中国乡村发展基金会、腾讯公益平台等战略合作伙伴为社会组织提供网络劝募原理、平台操作指引等系列能力建设培训。在此基础上，2018 年第五届创投活动，广州市社会组织联合会依托广州市社会组织专家库专家力量和相关战略合作伙伴资源，将财务管理、新闻宣传、公共关系、劝募技巧等培训内容加以打包整合，推出"同行计划"公益创投能力建设方案。在"同行计划"的支持推动下，广州市社会组织公益创投能力建设行动得以更加全面系统的展开，内容形式也更加丰富多样。其中，2019 年广州市社会组织公益创投活动通过主题会议、专题培训、研讨沙龙、走访交流等多种形式，开展 14 期主题、19 场次的培训及参访交流活动①。2022 年，广州市社会组织公益创投能力建设升级为"拔节计划"，分别从思想认识、项目策划、财务管理、项目管理、筹款募捐、宣传传播、安全管理、创优创牌 8 个方面对社会组织进行能力建设培育，全面提升创投主体综合能力。

（五）强化宣传推广

广州市民政局、广州市社会组织管理局特别重视社会组织公益创投项目的对外传播推广工作，通过有效宣传，不断提升创投活动的社会影响力，着力打造广州市社会组织公益创投的城市名片。在政策制度方面，广州市社会组织管理局先后印发的《广州市社会组织公益创投项目管理办法》，针对社会组织创投项目的对外宣传工作均专则作出明确规定，要求在创投项目实施过程中通过广州市民政局官方微信公众号、广州市社会组织管理局网站等平台积极进行传播推广，广泛宣传公益创投项目成效，激发社会各界参与热情，营造全民公益的社会氛围。与此同时，承办单位通过与各种媒体平台积极合作，建立多元化传播渠道。比如，2017 年第四届创投活动，为拓宽公益创投项目宣传途径，广州市社会组织联合会与"今日头条"达成战略合作协议，开通广州市社会组织头条号，组织创投主体集体入驻"今日头条"，开启"互联网+公益创投"的线上传播新局面；2018 年第五届创投活动，与"南方+"客户端合作，动员 58 家社会组织成

---

① 《第六届广州市社会组织公益创投活动落幕》，金羊网，2020 年 1 月 5 日，http://news.ycwb.com/2020-01/05/content_ 30474262. htm。

功入驻南方号，借助"南方+"手机阅读端平台，促进社会组织创投项目宣传推广更便捷、更具影响力。此外，2022年第九届公益创投，承办单位广州市创意经济促进会策划启动"益瞬间"摄影与短视频大赛，与荔枝集团联合推出"广州公益故事会"等活动，共同储存广州城市公益记忆。总体来看，多种形式与多渠道传播推广充分发挥了广州市社会组织公益创投活动的品牌引领示范作用。

三、广州市社会组织公益创投的实践成效

广州市社会组织公益创投活动经过多年行动经验的不断积累和沉淀，品牌影响力不断显现。同时，在优化社会服务供给、创新社会治理格局、提升社会组织能力、培育本土公益品牌和政府创投集群示范等多个层面取得了一系列成效。

（一）优化社会服务供给

聚焦福利彩票公益金"扶老、助残、救孤、济困"的基本宗旨，广州市社会组织公益创投紧紧围绕为老服务、助残服务、未成年人保护及救助帮困等社会议题展开项目设计，始终坚持目标导向和问题导向，突出社会组织专业优势，10年来累计资助各类创投项目1328个，其中，为老服务类项目423个，儿童青少年及未成年人保护类项目268个，助残服务类项目201个，救助帮困类项目113个，社区治理类项目46个，其他类项目277个。广州市社会组织公益创投通过支持专业社会组织开展各类公益项目，有效地回应了社会需求，积极为社区居民、困难群众排忧解难。

相较于传统政府购买服务，公益创投资助模式的创新之处在于其将政府服务购买中的甲方、乙方关系转变为政府部门与社会组织之间的平等合作伙伴关系，实现了从政府想让社会组织做向社会组织自己想要做的积极转变，有助于充分发挥广大社会组织扎根基层一线、了解群众服务需求及灵活创新的独特优势，达到优化社会服务供给的目标。例如，2022年第九届公益创投活动中由广州市扬爱特殊孩子家长俱乐部申报的"老养残"家

庭增能支持计划，通过专业人员介入，为"老养残"且残障孩子为心智障碍者的家庭成员提供包括个案管理、生活照顾、情绪支持、信息链接等在内的多样化服务，减轻家属照顾负担，使心智障碍者及其家属获得适切支持。此外，在困境儿童帮扶方面，历届公益创投活动社会组织参与主体充分发挥自身专业优势，针对农村留守儿童、重症儿童、来穗儿童等群体的需求，着力打造差异化、多元化、人性化的服务平台，构建社会力量联动网络及协同帮扶机制。

（二）创新社会治理格局

提供优质社会服务是社会组织诸多社会功能中的一种，除此之外，社会组织在动员多元主体参与、创新社会治理格局方面发挥重要作用。各类创投主体充分利用"其他类"资助范畴的灵活机动性，积极申报内容涉及乡村振兴、疫情防控及基层社区治理等议题在内的多元项目。比如，2019年第六届公益创投由广州市绿点公益环保促进会申报开展的"美丽社区环保项目"以社区为阵地，通过与社工机构合作，开发设立"旧物交换""旧物改造""环保科普""环保再生"4个不同主题、不同功能的社区环保活动阵地，旨在将社区居民培育成美丽社区共建共治共享者；由广州市番禺区社会组织联合会申报的"番禺区'五社联动'示范社区建设"项目，通过"五社联动"机制，引领社会组织积极参与社区治理，搭建以社区居民需求为导向、社区为平台、社会组织为载体、社会工作者为骨干、社区企业为支撑、社区基金为保障的"五社联动"共治生态圈。在前期探索实践基础上，2021年第八届广州市社会组织公益创投开始有意识地加强社区社会组织培育工作，2022年第九届社会组织公益创投活动将"其他类"项目资助调整为"社区治理类"项目，广州市社会组织公益创投在推动社会组织创新参与基层社会治理方面将进一步发力。

（三）提升社会组织能力

除了服务供给和治理创新方面的宏观社会效应，广州市社会组织公益创投在社会组织发展的培育支持层面也取得了诸多成效。基于历届公益创投行动对创投参与主体能力建设工作的高度关注和重视，尤其是随着一系列能力建设培训活动的推动开展，创投社会组织的机构发展能力得到了有效提升。以广州市金丝带特殊儿童家长互助中心为例，该机构自2014年第一届公益创投活动开始便积极参与创投项目申报，曾连续3年入选广州公益创投，在政府公益创投行动的持续培育支持下，2017年，初具社会影响力的金丝带在淘宝网上线公益宝贝筹款计划，半年时间内成功筹得项目资金150多万元，成为经过政府公益创投培育扶持成功走上独立发展道路的机构典范。此外，政府公益创投对社会组织机构能力提升的有效助推作用也获得了大量创投行动主体的积极认可。比如，有社会组织认为，广州市公益创投带给机构的帮助不仅是资金层面，更是在申报过程中得到的包括财务、项目管理等方面的能力提升支持；还有创投行动主体表示，在参与公益创投过程中，对公益也有了更全面的认知和理解，包括公益影响力打造、志愿者服务质量管理、项目运作风险管理、整合协调能力、创新性募资能力等方面都得到了有效提升。

（四）培育本土品牌项目

广州市社会组织公益创投行动大力推动了广州本土公益机构打造品牌项目。根据《广州市社会组织公益创投项目管理办法》，每一届创投活动结束后，由专家投票评选出十佳品牌项目和十佳优秀项目。随着公益创投活动的持续深入推进，越来越多的社会组织创投项目逐渐走上品牌化、专业化发展道路，不断擦亮广州公益创投的城市名片。比如，广州市巾帼社会工作服务中心、广州动漫行业协会、广州市绿点公益环保促进会、广州市志愿者协会等13家社会组织申报项目以其实施效果好、示范引领性高的优势，从2014年第一届创投活动开始连续多年获得资助，逐步被打造成广州市公益创投品牌项目。其中，由广州动漫行业协会申报实施的"广州市偏远山区艺术传播公益服务项目"，针对山区孩子长期缺乏艺术教育的普遍现象，通过整合高校、协会等资源，为山区孩子提供艺术教育支持，倡导教育扶贫，获得项目实施地教育行政部门的充分肯定。而除了本土品牌影响力的打造，还有一些社会组织创投项目经过实践积累逐步在全国层面也获得一定的影响力。比如，由广州市法泽社会工作服务中心开展的"广州市城中村外来工幸福活力社区项目"，其延伸发展的三元里社区共治议事会作为基层民主建设重大创新入选全国"砥砺奋进的五年"大型成就展①。

（五）推动创投集群示范

广州市社会组织公益创投还呈现出政府创投行动的集群示范效应，经由市级民政部门公益创投的影响带动，广州全市各级相关部门、各慈善组织等也积极投入资源发起各自领域的公益创投活动。比如，为发掘培育更多专业社会组织参与妇女儿童及家庭领域的相关社会服务及治理工作，从2016年开始广州市妇联连续举办多届玫瑰公益创投活动，资助并培育妇女就业、反家庭暴力、妇女成长、家庭深度服务等专项领域公益项目。2020年以来，广州市慈善会联合广州市善城社区公益基金会等慈善组织共同发起"创善·微创投"社区公益微创投项目，面向全市社区社会组织、社工机构及有开展社区服务的公益慈善组织开放申请，通过链接多方资源解决社区问题，营造共建共治共享社会治理格局。除了市级层面的多元创投活动，近年来，广州全市各区社会组织公益创投的行动热度持续上升，包括海珠区民政局、共青团海珠区委、南沙区民政局、南沙区妇联等各区级相关单位也纷纷发起公益创投项目，甚至一些区级下属街道也独立发起了属地社区微公益创投大赛。其中，由南沙区妇联组织实施的"南沙·她益行"妇女儿童公益创投活动，自2017年发起以来，至今已连续举办7届，逐步建立起品牌效应。总体来看，在广州市社会组织公益创投活动的示范带动影响之下，广州全市各级各部门主动投入、社会力量广泛参与的区域性公益创投集群生态已然逐步形成。

---

① 《外来人口融入社区 打造基层社会治理的"三元里"样本》，金羊网，2018年9月6日，http：//news.ycwb.com/2018-09/06/content_30084324.htm。

四、推进广州市社会组织公益创投持续发展的建议

广州市社会组织公益创投经过 10 年发展取得一系列显著成效，与此同时，在公益创投持续推进过程中逐渐呈现出若干结构性挑战。本报告尝试针对相关问题加以梳理并提出相应建议。

第一，在公益创投活动开展的资源投入方面，多元社会主体协同参与还有提升空间。尽管通过创投项目特定比例自筹经费的规则设计，广州市社会组织公益创投得以实现一定的社会资源撬动效应，但在创投活动资金投入的最初入口端仍然主要依赖民政部门的单一资源，特别是福彩公益金投入。从历届公益创投资金的构成看，来自企业、公益基金会等多元社会主体的资源撬动仍有较大提升空间。建议广州市社会组织公益创投活动进一步着力推动搭建开放式创投活动平台，积极引导多元社会资源投入，尤其是可以通过商业赞助、战略合作、品牌共享等多种方式，重点针对企业、相关公益基金会等进行资源撬动，充分发挥政府公益创投的杠杆作用，增强创投活动的社会参与性，推动形成多方共投共创的新格局。

第二，社会组织作为公益创投的主体还有培育挖掘空间。截至 2022 年底，广州全市登记注册的社会组织数量超过 8000 家，而 2022 年第九届广州市社会组织公益创投活动参与项目申报的社会组织数量仅 200 家，占全市社会组织总量的 2.5%，社会组织主体参与率还有待提升。建议广州市社会组织公益创投通过优化创投资金的使用和配置限制，提高公益创投资金使用"活性"，并适当调整降低项目自筹经费比例等措施，不断激发广大社会组织参与创投申报的积极性，使广州市社会组织公益创投真正成为全市社会组织共同关注并广泛参与的品牌活动。

第三，经过 10 年时间的持续探索实践，广州市社会组织公益创投已累计资助 1300 多个项目，涉及诸多不同类型的创投主体、不同领域工作内容及不同层级社会组织，相关项目数据信息值得加以深入挖掘分析。建议公益创投主办方及历届活动承办单位有意识地对相关信息加以收集汇总整理，通过历年数据资料的不断累积逐步建立广州市社会组织公益创投项目

数据库，通过创投项目数据库数据考察分析，对历年创投活动的发展趋势、项目实施总体成效等形成一定的评估，有助于在公益创投行动推进过程中及时调整方向，不断优化改进。

广州市社会组织参与未成年人
保护工作的实践与探索

雷 杰 黄国芳 张瀚予*

摘要：未成年人保护是一项系统工程，需要全社会共同参与。社会组织在参与未成年人保护工作中能发挥独特优势。本文通过梳理国家、广东省、广州市等不同层面与社会组织参与未成年人保护相关的重要法规政策，总结广州市社会组织参与未成年人保护工作的现状与特点。在此基础上，为如何更好发挥社会组织的优势推动未成年人保护工作提出有针对性的政策建议。

关键词：社会组织 未成年人保护 未成年人保护工作站

未成年人保护工作是国家民生保障领域的重要组成部分，近年来受到党中央和全社会的极大关注。2021年，国务院未成年人保护工作领导小组的成立，为进一步协调与统筹我国未成年人保护工作、促进未成年人健康成长提供了更为有力的支持和保障。

国家、社会和家庭是保护未成年人的重要主体。在未成年人保护领域，我国相关法制建设也在不断推进，国家出台了一系列保障未成年人合法权益的法律法规、方针和政策，形成了在《中华人民共和国宪法》框架下，以《中华人民共和国未成年人保护法》（以下简称《未成年人保护

　* 雷杰，中山大学社会学与人类学学院副教授，博士生导师，广州社会组织研究院特约研究员；黄国芳，中山大学社会学与人类学学院社会工作专业硕士研究生；张瀚予，中山大学社会学与人类学学院社会学专业博士研究生。

法》）和《中华人民共和国预防未成年人犯罪法》（以下简称《预防未成年人犯罪法》）为核心，相关部门法为重要来源，行政法规、地方性法规、相关部委指导意见等为补充的未成年人法律保护体系①。此外，与未成年人保护相关的重要法律法规和政策对我国社会组织参与未成年人保护工作相关职责和要求作出的明确规定，为社会组织参与未成年人保护工作提供了重要依据。例如，未成年人保护法在第九十九条提到"社会组织、社会工作者参与未成年人保护工作，开展家庭教育指导服务，为未成年人的心理辅导、康复救助、监护及收养评估等提供专业服务"②。

广州市作为广东省省会以及国家重要中心城市之一，始终坚持以习近平新时代中国特色社会主义思想为指导，坚持以人民为中心的发展思想，注重提升人民民生福祉，不断推动民政事业改革创新发展。《广州市民政事业发展"十四五"规划（2021—2025 年）》（以下简称《规划》）提到，"十三五"时期，广州市在全国率先同步开展了养老服务、儿童福利、婚姻服务 3 个全国民生重点示范项目建设；在困境儿童保障工作中，创新分片督导机制，全覆盖配齐 176 名镇（街）儿童督导员和 2781 名村（居）儿童主任，农村留守儿童从 2016 年首次摸查发现的 522 人降至 86 人；全市登记的社会组织有 8095 家，培育了社区社会组织 22422 家。在"十四五"时期，《规划》强调，要积极引导广大企事业单位、社会组织和公益慈善力量深入参与困境儿童和农村留守儿童的保护工作③，提升全社会对未成年人的保障关爱水平。

在全国未成年人保护示范县（市、区、旗）创建工作中，广州市白云区、越秀区成功获评"全国未成年人保护示范区"。白云区探索搭建了"1263"未成年人保护全链条工作模式，即 1 个联席平台、2 个核心链条、

---

① 林敏 . 新中国成立 70 年来我国未成年人权益保障体系发展研究［J］. 青年探索，2019（6）：82-90.

② 《中华人民共和国未成年人保护法》（第九十九条），中国政府网，2020 年 10 月 18 日，https：//www. gov. cn/xinwen/2020-10/18/content_ 5552113. htm。

③ 《广州市民政事业发展"十四五"规划（2021—2025 年）》，广州市民政局网站，2021 年 8 月 31 日，http：//mzj. gz. cn/zwgk/zfxxgkml/zfxxgkml/qt/ghjh/content/post_ 7751905. html。

6个工作抓手、3个亮点特色①，持续对未成年人保护工作模式、方法和机制进行创新②。越秀区的"123456"未成年人保护工作模式，即建立1套区级未成年人保护工作协调机制，发挥政治、文化的先发优势，建立区—街—社区三级未成年人保护工作平台，推动4项未成年人创新品牌发展，有效落实5项未成年人保护工作制度，强化对未成年人的六大保护③。在白云区、越秀区探索具有自身特色的未成年人保护工作模式过程中，广州市社会组织发挥了服务提供、资源链接等重要作用。

广州市积极探索鼓励社会组织参与未成年人保护工作，为其他城市和地区提供借鉴与参考。本文首先对中央和地方出台的、与社会组织参与未成年人保护工作的相关法规政策进行梳理，从而为社会组织参与未成年人保护工作提供政策参考。其次，对广州市社会组织参与未成年人保护工作的现状进行描述和分析，呈现当前广州市社会组织参与未成年人保护的方式和内容，以及广州市由社会服务机构承接运行的未保站建设情况。最后基于上述内容，对广州市社会组织参与未成年人保护工作的问题与挑战进行分析，并就如何发挥社会组织的优势推动广州市未成年人保护工作进一步发展，提出具有针对性的政策建议。

---

① 1个联席平台指成立区、镇（街）两级未成年人保护工作领导小组，建立法院、检察院、民政、教育等未成年人保护相关成员单位的信息共享机制，定期召开未成年人保护相关的专题会议。2个核心链条指制定并完善未成年人保护相关的工作机制、文件制度；打造了全省首个区级未成年人保护宣传教育基地，让未成年人保护有制度、有阵地。6个工作抓手指构建"政府+社会+学校+家庭+网络+司法"的未成年人保护工作体系，凝聚多方力量拓宽未成年人保护面。3个亮点特色指在未成年人保护行动中形成了三大特色服务，即推出了"一镇（街）一特色"新名片、打造"乐融白云"新品牌、构建培育"全民共建"新风尚。

② 《广州市白云区获评全国首批未成年人保护示范区》，大洋网，2023年2月3日，https：//news.dayoo.com/guangzhou/202302/03/139995_ 54417342.htm。

③ 《越秀"四个一"，做好未成年保护工作》，广州越秀政府网，2023年3月22日，https：//mp.weixin.qq.com/s/3NRIZlVYeODCIM7CFgnAeA。

一、社会组织参与未成年人保护工作的相关法规政策分析

社会组织是开展未成年人保护工作的重要社会力量之一。近年来，从中央到地方陆续出台了多项有关社会组织开展未成年人保护工作的法规政策。下文对 2019—2022 年以来，在国家、广东省、广州市等不同层面与社会组织参与未成年人保护工作相关的重要法规政策进行梳理。通过对宏观层面的法规政策体系、关注对象、参与领域等方面进行分析，得出当前我国社会组织在参与未成年人保护工作过程中，形成了"以'两法'[①] 和《中华人民共和国家庭教育促进法》（以下简称《家庭教育促进法》）为保障，民政事业和社会组织规划、相关部委意见为指导"的法规政策体系，以留守儿童、困境儿童等特殊儿童群体为重点关注对象，政府鼓励和支持社会组织在未成年人的精神关爱、司法救助、家庭教育、学校教育、职业教育、公共文化服务等领域发挥积极作用。

（一）以"两法"和《家庭教育促进法》为保障，民政事业和社会组织规划、相关部委意见为指导的未成年人保护法规政策体系

2021 年 6 月 1 日，新修订的《未成年人保护法》和《预防未成年人犯罪法》正式实施；2022 年 1 月 1 日，《家庭教育促进法》开始实施。这些法律的出台，以国家立法的形式确立了社会组织参与未成年人保护、预防未成年人犯罪及未成年人家庭教育指导服务工作的主体责任，为社会组织发挥自身优势开展未成年人保护工作提供了强有力的保障。例如，《未成年人保护法》明确指出："保护未成年人，是国家机关、武装力量、政党、人民团体、企业事业单位、社会组织、城乡基层群众性自治组织、未成年人的监护人以及其他成年人的共同责任。"[②] 此外，相关的民政事业和社会组织规划、有关部委意见等政策文件，进一步细化了社会组织参与未成年

[①] 《中华人民共和国未成年人保护法》和《中华人民共和国预防未成年人犯罪法》。

[②] 《中华人民共和国未成年人保护法》（第六条），中国政府网，2020 年 10 月 18 日，https：//www.gov.cn/xinwen/2020-10/18/content_ 5552113.htm。

人保护的重要领域和工作内容，为社会组织如何开展未成年人保护工作提供了具体指导。2021 年 6 月公布实施的《国务院未成年人保护工作领导小组关于加强未成年人保护工作的意见》提出，加强未成年人保护领域社会组织建设，大力发展未成年人保护领域专业社会工作和志愿服务，发挥社会工作者在未成年人保护工作中的专业优势[①]。

表 1　2019—2022 年社会组织参与未成年人保护的相关政策法规（部分）

时间	名称	主要内容
国家层面		
2019 年	《关于进一步加强事实无人抚养儿童保障工作的意见》（民发〔2019〕62 号）	通过政府购买服务方式，发挥社会组织和社工的专业优势，为事实无人抚养儿童提供心理关爱服务
2019 年	《关于进一步健全农村留守儿童和困境儿童关爱服务体系的意见》（民发〔2019〕34 号）	鼓励和引导社会力量广泛参与农村留守儿童和困境儿童的关爱服务工作，培育孵化儿童服务类社会组织，加大政府购买社会组织为儿童提供心理服务的力度
2021 年	《"十四五"民政事业发展规划》	通过政府购买服务等方式为未成年人提供必要的照料服务；推动乡镇（街道）社工站参与困境儿童关爱保护工作；优先发展和重点培育提供未成年人保护服务的社会组织；积极动员社会组织、社会工作者开展有利于未成年人健康成长的社会活动和服务
2021 年	《国务院未成年人保护工作领导小组关于加强未成年人保护工作的意见》	在对未成年人的社会保护、司法保护领域，强调发挥社会组织的作用，充分发挥社会工作的专业优势为未成年人提供相关保护工作。通过政府购买服务等方式引导社会组织为特殊儿童群体提供专业服务，加大对未成年人保护工作的保障力度

---

① 《关于印发〈国务院未成年人保护工作领导小组关于加强未成年人保护工作的意见〉的通知》，中华人民共和国教育部政府门户网站，2021 年 6 月 6 日，http://www.moe.gov.cn/jyb_ xxgk/moe_ 1777/moe_ 1778/202111/t20211116_ 580174.html。

续表

时间	名称	主要内容
2021 年	《"十四五"社会组织发展规划》	聚焦特殊群体，动员社会组织参与养老、育幼、助残等公益事业，发挥社会组织的积极作用服务基层
2021 年	《中国儿童发展纲要（2021—2030 年）》	积极培育为儿童服务的社会组织和志愿服务组织；鼓励社会组织在儿童健康、儿童福利、儿童家庭、儿童与环境、儿童的法律保护等多个与未成年人保护相关的领域开展专业服务
2021 年	《中华人民共和国未成年人保护法》	强调社会组织对未成年人保护的责任，鼓励社会组织在未成年人保护的社会保护、网络保护、政府保护、司法保护等层面与相关部门进行协作，积极发挥社会组织的作用，如为未成年人提供家庭教育指导、司法帮扶等
2021 年	《中华人民共和国预防未成年人犯罪法》	明确社会组织参与预防未成年人犯罪的主体职责和相关法律责任，支持社会组织参与教育部门、司法机关对不良行为未成年人的矫治和教育工作
2022 年	《中华人民共和国家庭教育促进法》	鼓励和支持社会组织参与家庭教育指导服务工作
广东省层面		
2019 年	《关于进一步加强事实无人抚养儿童保障工作的实施意见》（粤民规字〔2019〕10 号）	通过政府购买等方式，引入专业社会组织和青少年事务社工为事实无人抚养儿童提供精神关爱服务；通过部门协作，动员青年社会组织和青少年事务社工为事实无人抚养儿童提供各类关爱服务
2022 年	《广东省未成年人保护工作领导小组关于加强未成年人保护工作的实施意见》	加大社会保护力度，通过政府委托、购买服务等方式培育和发展未成年人保护领域的社会组织，发挥社会工作者的专业优势参与未成年人保护工作；通过政府购买服务等方式引导公益慈善类社会组织为特殊儿童群体提供专业服务

时间	名称	主要内容
广州市		
2014 年	《广州市未成年人保护规定》（2020 年经批准修正）	通过政府购买服务及其他方式，鼓励和支持社会组织、社工为未成年人提供专业服务
2021 年	《广州市民政事业发展"十四五"规划（2021—2025 年）》	积极引导社会组织和公益慈善力量深入参与困境儿童保障和农村留守儿童关爱保护工作，提升儿童保障水平；充分发挥群团组织优势和示范带动作用，加强对困境儿童及其家庭的教育指导和培训帮扶

（二）以留守儿童、困境儿童等儿童群体为重点关注对象

对法规政策文本进行分析可知，社会组织参与未成年人保护工作的重点关注对象主要集中在留守儿童、困境儿童（尤其事实无人抚养儿童）等儿童群体。2019 年，民政部联合相关部门出台《关于进一步加强事实无人抚养儿童保障工作的意见》和《关于进一步健全农村留守儿童和困境儿童关爱服务体系的意见》，强调通过政府购买服务方式，发挥社会组织和社会工作的专业优势，为农村留守儿童和困境儿童提供心理关爱服务[1][2]。2021 年，《国务院未成年人保护工作领导小组关于加强未成年人保护工作的意见》提出，通过政府购买服务等方式引导社会工作专业服务机构、公益慈善类社会组织为留守儿童、困境儿童等特殊儿童群体提供专业服务[3]。《"十四五"民政事业发展规划》提出，支持优先发展以困境儿童、农村留

---

[1] 《民政部等 12 部门联合印发〈关于进一步加强事实无人抚养儿童保障工作的意见〉》，民政部网站，2019 年 7 月 10 日，https://www.gov.cn/xinwen/2019-07/10/content_5407970.htm。

[2] 《民政部关于进一步健全农村留守儿童和困境儿童关爱服务体系的意见》，民政部网站，2019 年 5 月 28 日，https://www.gov.cn/xinwen/2019-05/28/content_5395417.htm。

[3] 《关于印发〈国务院未成年人保护工作领导小组关于加强未成年人保护工作的意见〉的通知》，中华人民共和国教育部政府门户网站，2021 年 6 月 6 日，http://www.moe.gov.cn/jyb_xxgk/moe_1777/moe_1778/202111/t20211116_580174.html。

守人员、家庭暴力受害人等为重点服务对象的社会工作服务机构①。

针对不同类型的特殊儿童群体，国家、广东省、广州市分别出台了相关政策文件。在对留守儿童的关爱保护方面，国务院印发的《中国儿童发展纲要（2021—2030年）》提出，要常态化开展寒暑假特别关爱行动，充分发挥群团组织以及社会组织、社会工作者、志愿者等作用，加强对留守儿童心理、情感、行为和安全自护的指导服务②。在开展事实无人抚养儿童工作方面，广东省民政厅联合相关部门出台《关于进一步加强事实无人抚养儿童保障工作的实施意见》，建议引入专业社会组织和青少年事务社工，提供心理咨询、心理疏导、情感抚慰等专业服务③。在困境儿童保护方面，《广州市民政事业发展"十四五"规划（2021—2025年）》提出，积极引导广大企事业单位、社会组织和公益慈善力量深入参与困境儿童保障和农村留守儿童关爱保护工作，提升对儿童的保障关爱水平④。由此可见，留守儿童与困境儿童是社会组织参与未成年人保护工作的重点关注对象。

（三）鼓励社会组织提供未成年人精神关爱、司法救助、家庭教育、学校教育、职业教育、公共文化等服务

未成年人保护相关法规政策的出台，为社会组织参与未成年人保护工作提供了良好机遇，进一步拓展了社会组织参与未成年人保护工作的领域和路径。在参与领域方面，社会组织可以在未成年人的精神关爱、司法救

---

① 《民政部 国家发展和改革委员会关于印发〈"十四五"民政事业发展规划〉的通知》，中华人民共和国民政部门户网站，2021年6月18日，https：//xxgk. mca. gov. cn：8445/gdnps/pc/content. jsp？id＝114741&mtype＝4。

② 《国务院关于印发中国妇女发展纲要和中国儿童发展纲要的通知》（见其中的《中国儿童发展纲要（2021—2030年）》），中国政府网，2021年9月8日，https：//www. gov. cn/gongbao/content/2021/content_ 5643262. htm。

③ 《关于进一步加强事实无人抚养儿童保障工作的实施意见》，广东省民政厅网站，2019年12月12日，http：//smzt. gd. cn/zwgk/zcfg/xzgfxwjgb/content/post_ 2716538. html。

④ 《广州市民政事业发展"十四五"规划（2021—2025年）》，广州市民政局网站，2021年8月31日，http：//mzj. gz. gov. cn/zwgk/zfxxgkml/zfxxgkml/qt/ghjh/content/post_ 7751905. html。

助、家庭教育、学校教育、职业教育、公共文化等领域发挥自身优势和作用，与未成年人保护相关主体进行协作，为未成年人提供专业的社会服务。

在精神关爱方面，《关于进一步加强事实无人抚养儿童保障工作的意见》《民政部关于进一步健全农村留守儿童和困境儿童关爱服务体系的意见》等文件建议通过政府购买服务等方式，引入专业社会组织和社会工作者，为未成年人提供心理咨询与疏导、精神慰藉、人际调适等专业服务，加强对未成年人的精神关爱①②。

在司法救助方面，未成年人保护法、预防未成年人犯罪法规定，社会组织可协助司法机关，为犯罪未成年人开展社会调查、心理测评、法律援助、社会观护、教育矫治、社区矫正等工作③④，为遭受伤害或侵害的未成年人及其家庭提供心理干预、经济救助、法律援助、转学安置等保护性服务⑤。

在家庭教育方面，鼓励和支持社会组织为未成年人家庭开展家庭教育指导服务，为未成年人的心理辅导、康复救助、监护及收养评估等提供专业服务⑥。在学校教育方面，鼓励和支持社会工作者协助学校老师开展道

---

① 《民政部等 12 部门联合印发〈关于进一步加强事实无人抚养儿童保障工作的意见〉》，民政部网站，2019 年 7 月 10 日，https：//www. gov. cn/xinwen/2019 - 07/10/content_ 5407970. htm。

② 《民政部关于进一步健全农村留守儿童和困境儿童关爱服务体系的意见》，民政部网站，2019 年 5 月 28 日，https：//www. gov. cn/xinwen/2019 - 05/28/content_ 5395417. htm。

③ 《中华人民共和国未成年人保护法》（第一百一十六条），中国政府网，2020 年 10 月 18 日，https：//www. gov. cn/xinwen/2020 - 10/18/content_ 5552113. htm。

④ 《中华人民共和国预防未成年人犯罪法》（第五十一条），中华人民共和国最高人民检察院网站，2020 年 12 月 27 日，https：//www. spp. gov. cn/zdgz/202012/t20201227_ 503678. shtml。

⑤ 《中华人民共和国未成年人保护法》（第一百一十一条），中国政府网，2020 年 10 月 18 日，https：//www. gov. cn/xinwen/2020 - 10/18/content_ 5552113. htm。

⑥ 《中华人民共和国未成年人保护法》（第九十九条），中国政府网，2020 年 10 月 18 日，https：//www. gov. cn/xinwen/2020 - 10/18/content_ 5552113. htm。

德教育、法治教育、生命教育和心理健康教育等活动①，对校园欺凌行为进行干预和预防。对于有不良行为的未成年学生，社会工作者可协助学校老师进行不良行为干预和心理辅导等教育②。为更好促进未成年人的健康发展，支持学校向体育类社会组织购买课后体育服务③，增强未成年人的身体素质。

在职业教育方面，鼓励和支持人民团体、企事业单位、社会组织为未成年人提供职业技能培训服务④，提升未成年人的职业技能水平。在公共文化领域，鼓励社会组织为儿童文化艺术活动提供专业指导和场地支持⑤，提升面向未成年人的公共服务水平，切实保障未成年人的发展权利。

二、广州市社会组织参与未成年人保护工作的现状分析

广州市民政局持续探索"123456 广州未保模式"，即发挥党建引领作用，推动两类未成年人救助保护机构高质量发展，织牢"兜底、风险和关爱"三张网，构建四级服务体系〔包括市级中心—区级中心—街（镇）工作站—村（居）服务点〕，落实五项核心制度（包括部门轮值、工作督导、

① 《中华人民共和国预防未成年人犯罪法》（第二十一条），中华人民共和国最高人民检察院网站，2020 年 12 月 27 日，https：//www. spp. gov. cn/zdgz/202012/t20201227_ 503678. shtml。

② 《中华人民共和国预防未成年人犯罪法》（第三十一条），中华人民共和国最高人民检察院网站，2020 年 12 月 27 日，https：//www. spp. gov. cn/zdgz/202012/t20201227_ 503678. shtml。

③ 《国务院关于印发中国妇女发展纲要和中国儿童发展纲要的通知》（见其中的《中国儿童发展纲要（2021—2030 年）》），国务院网站，2021 年 9 月 8 日，https：//www. gov. cn/gongbao/content/2021/content_ 5643262. htm。

④ 《中华人民共和国未成年人保护法》（第八十五条），中国政府网，2020 年 10 月 18 日，https：//www. gov. cn/xinwen/2020-10/18/content_ 5552113. htm。

⑤ 《国务院关于印发中国妇女发展纲要和中国儿童发展纲要的通知》（见其中的《中国儿童发展纲要（2021—2030 年）》），国务院网站，2021 年 9 月 8 日，https：//www. gov. cn/gongbao/content/2021/content_ 5643262. htm。

个案会商、强制报告、信息共享等），推进六大保护工作①。在此背景下，广州市社会组织开展未成年人保护工作，形成了以社工站、未成年人保护工作站（以下简称未保站）为服务阵地，以农村留守儿童、困境儿童为重点服务对象，多方联合搭建未成年人保护平台的特点。

（一）广州市社会组织开展未成年人保护工作的特点

1. 以社工站、未保站为服务阵地

截至 2019 年，广州市已在 172 个镇（街）设立 201 个社工站，基本实现了镇（街）社会工作全覆盖②。2021 年，广州市民政局发布的《广州市民政事业发展"十四五"规划（2021—2025 年）》指出，在"十四五"期间，广州市要加强统筹相关部门协调配合，在镇（街）层面设立未成年人保护工作站，到 2023 年镇（街）未成年人保护工作站覆盖率达 100%③，推进基层未成年人保护阵地建设，及时有效地回应未成年人的切实需求，进一步提升对未成年人的福利保障。2022 年，广州市率先在全省各镇（街）全覆盖设立了未成年人保护工作站④，推进广州市未成年人保护基层服务阵地建设。通过政府购买服务的方式，由社会服务机构承接社工站、未保站日常运行，为常态化开展未成年人保护服务提供基础保障。

2. 以农村留守儿童、困境儿童为重点服务对象

广州市社会组织遵循关爱和保护留守儿童、困境儿童等特殊儿童群体的法规政策指引，开展了许多专门针对这些特殊儿童群体的服务活动，以满足他们因自身、家庭或社会等层面的影响而产生的补偿性、保护性成长需求。如 2017 年广州市候鸟慈善基金会等 19 家单位共同发起"候鸟的呼

---

① 苏佩. 推动"广州未保模式"不断完善深化［J］. 中国民政，2023（6）：27-29.

② 《广州实现镇（街）社工服务全覆盖》，南方网，2019 年 10 月 10 日，https：//news. southcn. com/node_ 54a44f01a2/72353cfccd. shtml。

③ 《广州市民政事业发展"十四五"规划（2021—2025 年）》，广州市民政局网站，2021 年 8 月 31 日，http：//mzj. gz. gov. cn/zwgk/zfxxgkml/zfxxgkml/qt/ghjh/content/post_ 7751905. html。

④ 《2023 年广州市政府工作报告》，广州市人民政府研究室网站，2023 年 2 月 1 日，https：//www. gz. gov. cn/sfyjs//gkmlpt/content/8/8783/post_ 8783057. html#14423。

唤——关爱农村留守儿童大型公益项目",鼓励社会服务机构、社会组织和大学生志愿者为广州市 6~16 岁的农村留守儿童提供心理疏导、安全教育、素质拓展、广府文化教育等服务①。自 2018 年起,广州社联困境儿童关爱中心联合相关社会组织积极开展困境儿童保障工作,探索实施了一系列帮扶困境儿童和指导儿童服务类社会组织的公益实践,如开展关爱困境儿童音乐会、开办"伴童计划"广州市儿童服务类社会组织专才培训班、开展"童梦辅导员计划"等服务,逐步探索出"平台公益、联合公益、定制公益"的服务模式②。

3. 多方联合搭建未成年人保护平台

广州市社会组织在参与未成年人保护工作中积极联动、整合政府和社会的各类资源,为未成年人搭建了大病医疗救助、儿童关爱等未成年人保护平台,从而打通不同社会服务项目之间的壁垒。

2018 年,由广州市慈善会、广州市海珠区碧心公益服务中心共同发起成立的"珠珠慈善医疗救助平台",通过整合政府医疗救助政策、医院及企业等社会力量资源,为广州市户籍、常住来穗务工家庭的重大疾病困境儿童进行对接。此平台所囊括的救助项目有"爱蕾行动"——儿童救助(为广州市户籍或来穗务工经济困难家庭中 18 周岁以下儿童提供每人每年 1 万元的重大疾病或重大意外事故医疗救助)、越秀学子爱心基金(为越秀区属中小学内患有重大疾病且家庭困难的学生提供每人 50000 元的重大疾病医疗救助金)、小白同行——白血病儿童救助(为在广州市三甲医院就医、家庭经济贫困且年龄在 16 周岁及以下的白血病儿童提供 1 万元或 2 万元的一次性医疗救助金)等③。

2020 年 6 月,在广州市妇联指导、广东省华美教育慈善基金会的资助

---

① 《广州成立首家关爱农村留守儿童慈善基金会 携手 18 家社会组织启动"候鸟的呼唤 ——关爱农村留守儿童大型公益项目"》,广州市候鸟慈善基金会官网,2017 年 6 月 12 日,http://www.houniao.org.cn/hnyb/13.html。

② 《广州社联困境儿童关爱中心这五年》,广州社联困境儿童关爱中心官微,2023 年 5 月 16 日,https://mp.weixin.qq.com/s/ZOkk1LJo9csc1mNjBKSuNw。

③ 《1200 多名大病患者得到救助和服务,请收藏这份珠珠救助资源清单》,珠珠救助官微,2020 年 9 月 11 日,https://mp.weixin.qq.com/s/05gX2QKRh3e4TUZFc0FxOQ。

下，广州市妇女志愿者协会发起成立了"关爱女童，护苗成长——华美护苗联盟项目"，联合 40 余家社会组织、企业、志愿者团队等力量，成立了广东省首个护苗联盟——"华美护苗联盟"，积极发挥各方主体优势，以志愿服务、主题培训、政策宣传、舞台剧演出、心理咨询等形式，提升儿童的自我保护及危险防范意识[①]，为儿童的全面发展营造良好的社会氛围。

（二）广州市社会服务机构承接未保站的建设情况

2022 年，广州市各镇（街）已全覆盖建成未保站，搭建起了专门开展未成年人保护工作的基层服务阵地。为了解广州市各镇（街）未保站的建设情况，切实发挥未保站保护未成年人的重要阵地作用，2023 年广州市民政局委托广东省现代家庭教育研究院对全市 176 个镇（街）未保站进行全面调研，收回 172 个镇（街）未保站的问卷数据，问卷回收率达 97.7%。

根据调查数据显示，在已接受调查的 172 镇（街）未保站中，有 105 个未保站依托社工站而建。其中有 84 个未保站填答了有效数据，表示自己的站点是由社会服务机构承办。下面将重点分析这 84 个未保站建设情况，进一步呈现广州市社会组织参与未成年人保护工作的具体现状。

1. 未保站建设情况

由社会服务机构承接的未保站大部分依托党群服务中心、社工站、妇女儿童之家、社区"邻里服务点"等阵地进行运作，基础设施配套较为齐全，站内宣传内容丰富。在功能场地配置方面，由社会服务机构承接的未保站大部分都设有心理疏导（个案服务）室、文体活动室和阅览室。在宣传方面，由社会服务机构承接的未保站宣传墙的主要内容包括组织架构、制度流程、服务数据、活动动态、特色服务 5 种类型。

关于未保站的运作资金来源。根据广州市未成年人保护工作领导小组办公室印发的《广州市未成年人保护工作站设置指导方案》，市级福利彩票公益金安排经费对每一个未保站予以 3 万元的一次性资助，专款专用于配置未保站的固定资产、购买办公用品、开展活动等；在此基础上，对于

[①] 《我为女童护成长　华美护苗联盟在行动》，广州市妇女志愿者协会官微，2021 年 6 月 17 日，https：//mp. weixin. qq. com/s/1--cf7P1xCJ1qnVHYZYmyw。

各区选定的 1 个镇（街）未成年人保护工作示范站，市级福利彩票公益金在 3 万元的资助基础上，再给予 5 万元的经费资助以推动未保站点的运作和建设。

2. 未保站队伍建设情况

根据《广州市未成年人保护工作站设置指导方案》，广州市各镇（街）未保站工作队伍由站长、副站长、儿童督导员、未保社工等成员构成。总体而言，在 84 个由社会服务机构承接的未保站中，共有 81 个未保站配有未保社工，共有 201 名未保社工，平均每个未保站配有的未保社工人数为 2.4 人。其中，有 32 个未保站配有专门购买服务的未保社工，占比 40%；42 个未保站配有依托社工站建站的未保社工，占比 52%；7 个未保站同时具有专门购买服务和依托社工站建站的未保社工，占比 9%。超过半数的未保社工为本科及以上学历，但所学专业为社会工作或相关专业的未保社工占比不足 50%。

3. 未保站制度建设情况

在服务开展制度建设方面，有 80 个未保站设有来访和来电接待服务、强制报告制度，占比 95%；77 个未保站设有应急处理制度，包括危机干预、紧急监护安置等制度，占比 92%；76 个未保站设有个案管理制度，占比 90%；74 个未保站设有个案会商制度（包括多部门会商、专家会商等制度），占比 88%；71 个未保站设有摸排监测制度（包括入户探访、转介等制度），占比 85%；55 个未保站设有监护监督与保障制度，占比 65%。同时设有以上 7 项服务制度的未保站数量为 48 个，占比 57%。

在内部管理制度建设方面，有 83 个未保站设有档案管理制度，占比 99%；80 个未保站设有志愿者管理制度，占比 95%；76 个未保站设有投诉与反馈制度，占比 90%；69 个未保站设有人员管理制度，占比 82%；60 个未保站设有未成年人安全和隐私保护、社会资源管理等制度，占比 71%。同时设有以上 6 项未保站内部工作管理制度的未保站数量为 47 个，占比 56%。

4. 未保站服务开展情况

在服务内容方面，由社会服务机构承接的未保站，聚焦儿童个人、家庭、社区三个层面，开展各类专业服务。在儿童个人层面，未保站提供心理情绪疏导、救助支持、安全保护、能力提升、成长支持、权益保障、危机干预、学业辅导、生活照料等服务。在儿童家庭层面，未保站提供家庭关系协调、家庭教育、监护评估、家庭辅导、监护监督与保障、监护安置等服务。在社区及社会层面，提供社会参与、社会融入、社会倡导、社会支持网络建设等服务。

在服务方式方面，这些未保站一般运用社区走访与入户探访、建档跟踪管理、个案服务与咨询、资源链接、个案管理、小组工作、社区参与、社区支持网络建设、社区分析评估等方法开展服务。

由此可见，当前广州市由社会服务机构承接的未保站大多依托党群服务中心、社工站等阵地运行，基础服务设施较为齐全，能够支持未保社工开展形式多样的服务。但未保站的制度规范化建设、队伍专业化建设等方面仍有待加强。

三、对广州市社会组织参与未成年人保护工作的建议方向

为更好地发挥社会组织的积极作用，进一步推动广州市未成年人保护工作发展，本文提出以下四点建议。

（一）完善社会组织规范化制度建设

建议政府相关部门与社会组织应主动完善自身的制度建设，从对外服务提供、对内工作管理两个方面出发，建立健全开展未成年人保护工作指引，规范社会组织开展未成年人保护工作的流程，提高社会组织服务提供的专业性。例如，社会服务机构在"123456广州未保模式"的指引下，可继续推进强制报告、个案会商、信息共享等核心制度的建立与完善，为未成年人提供专业化、精准化、精细化的社会服务。

（二）加强社会组织未成年人保护工作队伍建设

建议加强对未成年人保护类社会组织的培育力度，为未成年人提供专业化、多元化的社会服务。加大政府对未保站建设、未成年人保护服务项

目的资金支持力度，并增加对社会组织未成年人保护工作队伍的培训，整体提升他们的专业能力素质。

（三）注重对未成年人家庭监护服务的提供

社会组织应积极协助完善与未成年人家庭监护有关的制度建设（如家庭监护评估、监护监督与保障等），保证当未成年人的家庭监护缺失或发生侵害等危及未成年人合法权益的情形时，能及时介入为未成年人提供专业服务。同时，社会组织应不断督促其工作人员积极学习家庭监护相关的专业知识和方法，提升他们为未成年人提供家庭监护相关服务的能力。

（四）发挥社区在未成年人保护工作中的作用

社区是开展未成年人保护工作的重要场域。社会组织应采取"社区为本"的视角①，对所在社区的情况进行详尽摸底，挖掘与整合各类有助于开展未成年人保护工作的资源，联动社区各主体共同参与未成年人保护工作，为未成年人提供社区保护、社会支持网络建设、社区参与、社会融入等服务。

---

① 雷杰，邓云. "社区为本"的儿童保护服务本土化模式创新——以佛山市里水镇"事实孤儿"保护项目为例 [J]. 青年探索，2016（3）：41-49.

第三部分

DISANBUFEN
PINPAISHEHUI
ZUZHIANLI

品牌社会组织案例

珠江金融论坛——广州金融高质量交流平台

广州金融业协会

一、项目实施背景

金融的发展对社会经济的发展起着重要的促进和推动作用，良好的金融生态环境是金融体系功能充分发挥和实现经济与金融良性互动、可持续发展的基础条件，加强金融生态环境建设对金融高质量发展具有战略意义。广州作为我国改革开放的前沿阵地、经济发展的排头兵，一直以来高度重视金融的发展，特别是金融生态环境的建设。2008 年 12 月，国家发展和改革委员会印发《珠江三角洲地区改革发展规划纲要（2008—2020）》，明确指出支持广州市、深圳市建设区域金融中心，构建多层次的资本市场体系和多样化、比较完善的金融综合服务体系①。2011 年 5 月 19 日，广州市人民政府印发《广州区域金融中心建设规划（2011—2020 年）》，提出举办广州国际金融论坛，提高广州金融在国内外的影响力②。

在此背景下，2011 年 12 月，在广州市人民政府指导和广州市地方金融监督管理局主管下，珠江金融论坛成功创办。自 2013 年以来，珠江金融论坛由广州金融业协会（以下简称协会）主办，成为广州市委、市政府为

---

① 《珠江三角洲地区改革发展规划纲要（2008—2020 年）》，国务院港澳事务办公室网站，2009 年 1 月 8 日，https：//www. hmo. gov. cn/hzjl ＿ new/jmhz/201711/t20171117＿ 1250. html。

② 《广州区域金融中心建设规划（2011—2020 年）》，广州市人民政府门户网站，2011 年 5 月 19 日，https：//gz. gov. cn/zwgk/fggw/szfwj/content/post＿ 4757302. html。

进一步优化广州金融生态环境、加快现代金融服务体系建设的一项重要举措。论坛坚持以习近平新时代中国特色社会主义思想为指导，全面贯彻党的十九大、二十大及历届全会精神，中央经济工作会议和全国金融工作会议精神，贯彻落实习近平总书记对广东重要讲话和重要指示批示精神，坚持稳中求进工作总基调，持续深化金融改革开放，着力打造华南地区金融发展的智力引擎，为讲好广州金融故事，推动广州经济社会高质量发展，助力广州实现老城市新活力和"四个出新出彩"贡献独特力量。

二、项目实践模式

（一）制订品牌建设发展规划，推动论坛可持续发展

为保证论坛办会质量，推动论坛形成品牌效益并实现可持续发展，协会研究制订《珠江金融论坛品牌建设发展规划（2017—2026）》，明确论坛"高端化、品牌化、国际化"的办会宗旨和"高品质、高规格、大规模"的办会目标，并从品质把控、组织策划、开展形式、品牌保护、影响力5个方面系统谋划今后10年论坛品牌建设的主要任务和发展蓝图，为新时代论坛品牌建设提供总体思路和具体指引。制订科学的品牌建设发展规划，有效帮助协会打造高水平、高识别度的金融论坛品牌形象，吸引更多优质资源集聚，促进论坛品牌建设高质量可持续发展。

（二）聚焦大湾区金融经济发展核心任务，确定论坛主题方向

粤港澳大湾区是我国开放程度最高、经济活力最强的区域之一，在国家发展大局中具有重要战略地位。广州作为大湾区国际金融枢纽的核心引擎，在推动大湾区金融规则对接及金融市场互联互通方面发挥了积极作用。珠江金融论坛作为华南地区高质量金融交流平台，聚焦粤港澳大湾区金融经济发展领域的核心要务和重点问题，从重要性、独特性、可探讨性出发，严格甄选论坛主题，做到细致斟酌、认真思考、反复推敲、不断优化，确保每期论坛主题契合我国经济金融发展的趋势，紧贴大湾区、广州经济发展大局需要。同时，根据每期论坛主题，有针对性邀请国内外金融

行业领军人物担任主讲嘉宾，分享金融领域先进理念与实践探索。同时，也邀请业务骨干、实操专家会聚论坛，进行具体业务、实操层面的深度交流和经验分享，碰撞思想火花，凝聚行业共识。

（三）不断创新论坛组织形式与内容，搭建开放交流平台

协会积极协调金融监管机构、政府工作部门、高校智库、行业协会、金融机构、兄弟城市金融组织、新闻媒体等单位机构，整合多方资源，共同丰富论坛的组织形式，形成以主旨演讲为主，圆桌讨论、成果发布、授牌颁奖、机构项目启动等为辅的论坛举办形式，并根据主题需要制订个性化的活动方案和执行策略。同时，积极推动论坛"线上+线下"举办模式常态化，持续扩大论坛覆盖面，让金融交流平台真正发挥实效。

（四）组建专业筹备团队，不断优化筹备工作

协会联合金融监管机构、政府工作部门、金融机构、行业协会、高校智库、新闻媒体、策划公司等多方资源，组建专业筹备团队，统筹场地、设备、策划、会务、宣传等部门，细化各环节间的衔接工作，不断优化筹备工作，为论坛提供高品质的后勤服务，确保论坛顺利落地。

三、项目取得的成效

截至 2023 年 6 月，论坛已成功举办 29 期，在战略对话、实践创新、人才培养、学术研究等方面发挥了重要作用，有力促进金融领域政、产、学、研的交流与合作，极大程度激发了大湾区及广州金融高质量发展的活力与动力，已成为粤港澳大湾区知名度高、影响力大的金融论坛品牌，为广东、广州构建现代金融服务体系、共建粤港澳大湾区国际金融枢纽提供重要支持。

（一）论坛成果实现有效转化，品牌价值不断提升

协会高度注重论坛品牌保护与论坛成果的转化应用。一方面，专门注册珠江金融论坛 Logo，并先后授权给广州国际金融研究院、广州金羊金融研究院等单位使用，进一步加强对论坛品牌的保护；另一方面，围绕论坛主题举行征文评选，将领导致辞稿、主讲嘉宾发言稿、获奖征文、新闻报道等文稿进行整理汇编，在中国金融出版社公开出版发行系列《珠江金融论坛丛书》，同时，将具有重要意义的理论观点、实操经验进行梳理加工，撰写成要报内参并及时报送给金融监管机构、政府工作部门参阅，多期报告获得省市有关领导的肯定性批示，相关建议被政府采纳应用，论坛成果得到有效转化，品牌价值得以延伸。

（二）论坛覆盖范围广，成为展现广州金融发展的重要窗口

截至 2023 年 6 月 30 日，论坛线上、线下累计超过 500 万人次参与，覆盖广州、深圳、北京、上海等城市，吸引金融监管机构、政府工作部门、金融机构、行业协会、高校智库、新闻媒体等主体广泛参与。论坛举办情况得到《经济日报》、人民网、央视网、学习强国、《南方日报》、《广州日报》等多家国家、省、市级官方媒体关注，累计报道超 200 次。此外，在国际金融论坛（IFF）、广州金交会、广州金融业推介会等重大场合发声，依托重大场合增加论坛曝光度，使其成为广州金融故事的重要窗口。

（三）各方对论坛支持力度不断增强，资源不断拓展

一是历届论坛成效显著，前沿性凸显、国际化程度高，吸引境内外金融机构、社会组织、专家学者来访协会，提供物力、人力、财力、智力等资源支持，夯实论坛基础，推动形成可复制的办会模式，进一步提升论坛影响力。二是通过研究讨论、碰撞沟通，进一步挖掘专业人才，培养研究队伍，联合其他金融智库共同开展金融研究，为推动金融创新发展提供理论支撑。三是金融监管部门积极为论坛发声，主动向高校智库、行业协会、金融机构等相关领域宣传，通过指导办会、联动办会，引导社会高端金融资源向论坛倾斜。

四、项目的经验启示

（一）强化党建引领，提升论坛活动质量

提高政治站位，站稳政治立场，始终坚持党对金融工作的全面领导，

深化对金融工作政治性和人民性的认识，持续提高政治判断力、政治领悟力、政治执行力，将党的先进理论和思想贯彻论坛建设发展始终，将服务广东、广州走好中国特色金融发展之路作为举办论坛的根本目的和首要任务，为把粤港澳大湾区建设成新发展格局的战略支点、高质量发展的示范地、中国式现代化的引领地提供坚实的金融思想支持。

（二）紧贴新阶段发展主题，不断拓展论坛议题

一是紧贴新发展阶段高质量发展主题，结合广州金融发展趋势，立足本土特色，聚焦服务实体经济、推进乡村振兴、推动绿色发展、增进民生福祉等核心工作任务，举办主题鲜明、高质量高水平的论坛，为广州金融发展提供有益思路。二是聚焦粤港澳大湾区金融经济发展核心任务，从金融制度、金融科技、数字金融、金融风险与金融监管等湾区金融热点、难点出发展开深入研讨，为粤港澳大湾区发展注入新动能。三是对标当今国际经济金融发展前沿，关注全球金融形势，学习研究国外著名金融论坛建设成果，推动论坛与国际接轨，提升论坛国际化水平。

（三）注重经验总结与提炼，扩大品牌影响力

一是做好项目经验总结与提炼，包括做好文字资料收集、设计材料汇总，采访收集嘉宾参会感受及建议，召开工作组复盘会议，撰写复盘报告等，梳理出优质经验，汇编成册，形成可推广可复制的论坛经验，供行业伙伴参考。二是不断挖掘国内外宣传新渠道，积极宣传论坛品牌，发出广州金融声音，充分展现广州金融智慧，生动讲好广州金融故事，提升我国金融话语影响力。

（四）要加强多方交流与合作，建立长期合作伙伴关系

一是与政府部门、金融机构、企业和学术界等建立长期合作伙伴关系，注重合作与共赢，鼓励分享经验、共享资源、优势互补、强强联合，推动论坛高质量发展，提升金融行业整体竞争力。二是打造交流合作平台，吸引众多学者、专家加入，探索建立论坛专家库，保证论坛嘉宾质量与水平。

附：

机 构 概 况

广州金融业协会（简称"协会"）于 2013 年 4 月 25 日在广州市民政局登记注册成立，共有会员 121 家，涵盖银行、证券、保险、金融控股等金融机构、地方金融组织及有关企业平台，是金融行业里的 5A 级品牌社会组织。协会深入贯彻落实省委"1310"具体部署和市委"1312"思路举措，坚持围绕会员所需，提供协会所能，致力于搭建金融机构、实体企业、研究智库等对接桥梁，集聚跨领域、跨区域等多方资源，开展行业评选、举办专业活动、组织系列培训、筹建金融实体、承接课题研究、建立沟通媒介、搭建交流平台，打造并形成具有识别力、影响力的协会品牌矩阵，切实履行社会组织服务国家、服务社会、服务群众、服务行业职责，在推动金融服务实体、优化行业生态、强化现代化金融人才支撑等方面稳扎稳打，为广州加快现代金融服务体系建设、打造粤港澳大湾区国际金融枢纽核心引擎，助力扛起"经济大市挑大梁"责任担当，实现老城市新活力、"四个出新出彩"目标作出积极贡献。协会先后荣获"广州市三八红旗集体""广州市社会组织先进基层党组织""广州市最佳行业协会商会""广州市优秀社会组织""广州市年度最佳社会组织"等荣誉。

南沙区特种设备事故应急救援体系建设

广州市特种设备行业协会

一、项目实施背景

特种设备是经济社会发展的重要基础，关系人民群众生命财产安全，关系高质量发展。截至 2022 年底，广东省在册特种设备总量共计 202.48 万台（套）（压力管道和气瓶除外），比 2021 年增加了 7.64%。2013 年以来，广东省在册特种设备总量逐年增长[①]，特种设备品种也日益增多，使用范围日益扩大，出现了许多新情况、新问题，如承压类特种设备不断向高参数、大型化发展，其操作工艺条件多为高温、高压、低温等工况，工作介质往往具有易燃、易爆、有毒及腐蚀性的特点，这些设备一旦发生爆炸事故，会产生灾难性的后果，特种设备安全管理工作的重要性日益凸显。

南沙区位于广东省广州市，处于珠江三角洲经济区的几何中心。2017 年以来，南沙区市场监督管理局依托广州市特种设备行业协会雄厚的专业技术力量，携手开展了南沙区特种设备事故应急救援体系建设工作，建立了完善的特种设备事故应急救援体系与组织严密、协调有效、快速反应、协同作战的应急运行机制，达到预防和减少突发事件的发生，控制、减轻

[①] 《广东省市场监督管理局关于 2022 年广东省特种设备安全状况的通告》，广东省市场监督管理局网站，2023 年 4 月 27 日，http：//amr. gd. gov. cn/zwgk/tzgg/content/post_ 4172454. html。

和消除突发性危害，最大限度地减少事故造成的人员伤亡和经济损失，为南沙区的特种设备安全提供了有力保障。

二、项目实践模式

（一）建立特种设备事故应急救援体系建设管理制度

为推动项目规范化管理，广州市特种设备行业协会按照南沙区市场监督管理局的要求，制定了一系列项目管理制度。一是组织特种设备行业的专家编制南沙区特种设备应急预案和应急管理制度，广州市特种设备行业协会组织成立了南沙区特种设备应急救援体系建设工作组。二是建立应急抢险人员保险制度。为使应急抢险人员在特种设备事故应急救援过程中人身安全得到保障，从2018年起，为应急救援队伍抢险人员办理了人身意外伤害保险和意外医疗保险。三是建立健全应急救援队伍、应急专家管理制度。2018年，协会制定了《广州市南沙区特种设备事故应急救援队伍管理制度》和《广州市南沙区特种设备事故应急救援专家库管理制度》。2019年3月，协会制定了《南沙区特种设备事故应急救援紧急出动调度细则》，进一步推动南沙区特种设备安全事故救援工作有序、有效开展。

（二）建立特种设备应急救援标准体系

为推动特种设备行业标准化体系建设，广州市特种设备行业协会依据《中华人民共和国特种设备安全法》《特种设备安全监察条例》《中华人民共和国突发事件应对法》《广东省突发事件应对条例》等相关法律法规和安全技术规范，制定了一系列标准化文件。2023年2月，南沙区市场监督管理局、广州市特种设备行业协会成立起草小组，共同起草广州市地方标准《区域特种设备应急救援体系建设基本要求》。起草小组通过收集整理调研素材、查阅相关技术资料，起草小组就标准的结构、内容进行多次沟通确认，提出了标准的框架和主要内容，经过反复深入讨论，多次修改，形成了标准的征求意见稿。目前，《区域特种设备应急救援体系建设基本要求》在公开向社会征求意见阶段[①]。

（三）组建特种设备应急救援队伍与专家队伍

2017年，协会开始组建南沙区特种设备应急救援队和应急专家队，通过对区内相关企业救援力量的培训、考核，于2018年5月组建了5支特种设备应急救援队，以广州华凯石油燃气有限公司、广东港建液化气有限公司、久泰能源（广州）有限公司、广州华润热电有限公司、日立电梯（中国）有限公司南沙分公司为主体，分别签订了《广州市南沙区特种设备事故应急救援协议书》。组建的5支应急队涵盖锅炉、压力容器、压力管道三种承压类特种设备及机电类的电梯事故应急救援队。为了对应急救援队伍进行规范化管理，协会对各应急救援队伍按照人员组成及联系方式建立了应急救援队伍档案。

此外，协会通过对南沙区特种设备行业专业技术人才考察以及企业人才推荐等方式，根据评审结果建立了南沙区特种设备应急专家库，按照《特种设备专家登记表》及有关资料建立了专家档案。

（四）开展专业知识培训和演练

为不断提高南沙区特种设备应急救援队理论水平和应急救援实战能力，自2018年起，协会每年组织各应急救援队伍进行一次集中培训考核。为了让救援队伍充分了解特种设备应急资讯新动向、吸收新知识，协会采取"请进来，走出去"双轨制的培训模式，即邀请专业培训老师授课，将队伍送到专业培训机构培训。同时，动员组织专家库成员开展大型特种设备培训讲座10次，参训人员共计300余人。

此外，协会每年组织南沙区特种设备生产和使用单位进行各类特种设备事故应急演练，涉及的特种设备种类包括锅炉、压力容器、压力管道、电梯、起重机械、厂内机动车辆以及大型游乐设施。通过演练，发现了企业应对事故的薄弱环节，及时跟进整改，不仅增强了企业的安全意识和面

---

① 《关于征求广州市地方标准〈区域特种设备应急救援体系建设基本要求（征求意见稿）〉修改意见的通知》，广州市市场监督管理局网站，2023年7月18日，http：//scjgj. gz. gov. cn/ztzl/bzhzt/gzsdfbzzqyj/content/post_ 9114541. html。

对事故的应急能力，同时也为避免和遏制重特大事故的发生提供了强有力的保障。为不断提高特种设备使用单位应急管理水平，充分发挥专家队伍的专业指导作用，每次演练前由专家对企业应急演练方案进行审核，演练结束后专家进行点评，企业根据专家意见或建议再进行整改或培训学习，不断提高企业应急救援的专业素质和应急处置能力。

三、项目取得的成效

通过近 7 年来的不懈努力，南沙区特种设备应急救援体系建设工作在以下方面成效显著，并得到了广州市及南沙区相关部门的肯定。

（一）有效消除相关事故隐患，降低安全生产风险

2017 年至今，协会组织开展南沙区特种设备使用单位隐患排查涉及的单位有 62 家，共派出专家和工作人员 230 人次，车辆 42 次，检查特种设备 294 台，消除事故隐患及纠正违章操作 600 多起。按照海因里希法则"当一个企业有 300 起隐患或违章，非常可能要发生 29 起轻伤或故障，另外还有一起重伤、死亡事故"理论，消除或纠正 600 多起事故隐患及违章，相当于避免了近 60 起轻伤或故障，以及 2 起重伤、死亡事故。此外，通过南沙区市场监督管理局发出安全监察意见通知书 20 余份，提出整改意见 50 余条，整改率为 100%。

（二）企业的安全意识及面对事故的应急能力持续提升

在南沙区市场监督管理局的指导下，协会每年组织特种设备企业开展各类特种设备事故应急演练 20 余场，并组织同类企业进行现场观摩学习，安排特种设备专家开展现场指导和点评。通过演练和专家指导，企业逐渐熟悉了发生特种设备事故的上报流程、报告内容、人员职责及分工、现场警戒、人员疏散与安抚、事故处置措施、人员救治、善后处理等，应对突发事件的应急能力得到了有效提升，安全意识普遍增强。

（三）应急救援队伍规模不断扩大

为加强南沙区特种设备应急救援队伍抢险人员在参与特种设备事故应

急救援过程中的抢险能力，应对各类大型特种设备突发事件，2017 年至今，南沙区应急救援队伍人数已从原来的 18 名队员扩充至 28 名。随着南沙区特种设备应急救援队伍的不断壮大，南沙区特种设备突发事件应对处置能力得到了显著提高。

四、项目的经验启示

品牌是协会综合服务能力的重要体现，广州市特种设备行业协会作为会员与政府之间的桥梁与纽带，以及广州市特种设备行业发展的公共平台，一直致力于把协会打造成具有社会影响力、行业引领力的品牌协会。在打造"南沙区特种设备事故应急救援体系建设"过程中，总结得出以下经验。

（一）要明晰思路，根据行业特色打造品牌项目

在创建特色品牌的过程中，要把握好品牌项目的定位，根据行业特色，选择优势项目作为重点发展的品牌项目。同时，制订本行业特色品牌建设规划，将品牌创建工作纳入机构发展的重要工作事项，细化工作措施，搭建特色品牌建设基本框架，明确品牌创建方向。

（二）要聚焦项目主题，做好品牌项目策划

围绕项目主题，丰富项目服务内容，做到三个明确。一是目标明确，要制定清晰的项目目标，包括总体目标和阶段目标，按目标节点有序推进各项工作。二是任务明确，在创建品牌项目过程中根据项目要求开展活动，重点完成的工作内容需要在品牌策划中进行明确。三是思路明确，项目工作涉及范围广泛，要找准各项工作与品牌的结合点，有效将机构各项工作融入品牌项目工作，使品牌工作与日常工作充分融合，相互促进。

（三）要做好宣传推广，增强品牌项目引领示范作用

要加大对品牌项目的宣传推广，提升项目的知名度和影响力。一是要充分利用协会对行业信息和趋势的把握，为企业提供政策法规、企业管理、技术服务、品牌培育等方面的服务与指导，发挥协会的组织协调作

用，组织企业管理者学习品牌创建，宣传品牌企业和名牌产品。二是要开拓与国际、国内间同行的交流与合作，学习国内外品牌企业的先进管理经验，树立品牌形象。三是要建立行业自律机制，引导行业企业遵纪守法，规范自身行为，维护名牌产品信誉，保证产品质量，诚信经营，承担社会责任。

附：

机 构 概 况

广州市特种设备行业协会于 2003 年 2 月 13 日成立，由广州市从事锅炉、压力容器（含气瓶）、压力管道、电梯、起重机械、客运索道、大型游乐设施、场（厂）内机动车辆等特种设备生产（含设计、制造、安装、改造、维修）、经营、使用、检验检测的单位自愿参加组成。本协会拥有会员 262 家，并于 2013 年、2019 年和 2023 年被广州市民政局三次评为 5A级社会组织，2021 年荣获"广州市品牌社会组织"称号。协会党支部于 2019 年荣获广州市社会组织优秀党组织称号、2021 年荣获广州市社会组织先进基层党组织称号。

搭建资金供需平台　致力满足
实体经济金融需求

广州市番禺区金融协会

广州市番禺区金融协会现有会员企业 130 家，涵盖番禺区内银行、保险、证券、私募投资基金、融资担保、融资租赁、商业保理、小额贷款等金融机构。广州市番禺区金融协会坚持以党建为引领，以"致力满足地方经济建设和企业对各种金融资源的需求"为发展目标，坚持"聚力、创新、服务、共赢"的发展理念，把会员与非会员金融企业都作为服务对象。在协会不断实践探索过程中，逐步打造"搭建资金供需平台（产融对接）"品牌项目。

一、项目实施背景

2017 年 7 月，习近平总书记在全国金融工作会议上指出，金融要把为实体经济服务作为出发点和落脚点，全面提升服务效率和水平，把更多金融资源配置到经济社会发展的重点领域和薄弱环节，更好满足人民群众和实体经济多样化的金融需求①。2019 年 2 月，习近平总书记在中共中央政治局第十三次集体学习时强调"经济是肌体，金融是血脉，两者共生共荣"②。习近平总书记的重要指示，揭示了金融与实体经济的辩证关系，为

---

① 《全国金融工作会议在京召开》，中国政府网，2017 年 7 月 15 日，https://www.gov.cn/xinwen/2017-07/15/content_ 5210774. htm。
② 《习近平主持中共中央政治局第十三次集体学习并讲话》，中国政府网，2019 年 2 月 23 日，https://www.gov.cn/xinwen/2019-02/23/content_ 5367953. htm。

促进经济和金融良性循环健康发展指明方向。

《广州市金融发展"十四五"规划》将番禺区定位为建设普惠金融创新服务示范区，并明确指出，鼓励国有商业银行和股份制商业银行加大对产业园区、重大发展平台和重点发展区域的金融服务力度，优化村（社区）营业网点布局，发挥金融服务站点功能作用，推进普惠金融机构和服务重心下沉，为小微企业、"三农"和城镇居民提供更有针对性、更加便利的金融服务，着力打造"15分钟普惠金融服务圈"①。规划为番禺区未来5年推动金融业高质量发展提供了基本遵循。

二、项目实践模式

多年来，在番禺区委、区政府的正确领导下，在番禺区发改局（金融工作局）、区工商联的大力支持下，广州市番禺区金融协会坚持党的领导，深入贯彻落实习近平新时代中国特色社会主义思想，致力于配合政府部门搭建资金供需对接平台，全力整合各种金融资源，着力解决企业融资难融资贵的问题，构建良好金融生态环境，受到金融机构和企业的一致好评，也得到了政府及主管部门的支持和充分肯定。

（一）制定项目运作机制，推动产融对接活动可持续发展

自2017年以来，广州市番禺区金融协会积极举办"搭建资金供需对接平台（产融对接）活动"，联合各镇（街）商（协）会、产业园区等，组织各类金融机构与有融资需求的企业进行面对面的交流对接，通过召开银企座谈会、举办产融对接活动、走访企业等各种方式，协调解决企业在发展过程中的融资难题。

为推进项目有序开展，广州市番禺区金融协会制定一系列项目运作机制，包括项目管理机制、项目传播制度、激励制度等。在项目管理方面，

---

① 《广州市人民政府办公厅关于印发〈广州市金融发展"十四五"规划〉的通知》，广州市人民政府门户网站，2021年9月30日，https://www.gz.gov.cn/zwgk/fggw/wyzzc/content/post_8300544.html。

一是广泛摸查番禺区企业融资需求，建立企业融资需求库；二是搭建供需对接平台，由企业进行项目路演，介绍项目情况或直接提出需求，金融机构现场提出解决方案或建议，融企双方通过深入交流互动，达成共识与合作，有效解决融资困难及其他问题。在项目传播方面，通过机构官方微信公众号，定期发布产融对接活动的对接成果。在激励制度方面，通过举办评先表彰等一系列活动，表彰优秀金融机构，激发金融机构的参与活力。

（二）聚焦企业个性化需求，提供精细化金融服务

在新冠疫情的影响下，传统服务模式受到极大挑战。因此，广州市番禺区金融协会及时调整服务形式，2021—2022 年先后举办两场线上产融对接活动，收到较好的成效。随着企业对融资服务需求的变化，自 2020 年起，番禺区金融协会在条件成熟的产业园区设立"金融工作服务站"，其功能定位为"一站式"金融服务阵地。通过定期派员入驻服务站，及时了解企业诉求，针对企业的个性化需求，提出有针对性、专业性的意见和建议，并联动专业金融机构，切实解决企业需求。目前，已在天安节能科技园、巨大创意产业园和番山总部 E 谷共设立 3 个金融工作服务站，为企业提供更精准的金融服务。

此外，定期开展暖企调研活动，了解企业真实需求，为企业提出可行性的解决方案，切实帮助企业解决困难，为促进企业高质量发展提供面对面、"一站式"的金融服务。据不完全统计，通过金融工作服务站和上门调研对接服务，已解决了 40 多家企业近 1.5 亿元的融资需求。

（三）结合万博基金小镇特色金融项目，打造私募投资高地

万博基金小镇是广东省首个挂牌的基金小镇，其定位为创业投资基金产业集聚区，主要吸引以实体经济为投资对象的基金以及相关机构的进驻，按照政府引导、市场化运作原则，打造凝聚资本、技术、人才等基金产业发展的高端要素集聚平台，形成金融氛围浓厚、特色凸显、集聚明显的全国知名度较高的基金小镇，完善广州现代金融服务体系①。万博基金

---

① 《全省首个基金小镇落户番禺万博商务区》，广东省地方金融监督管理局网站，2016 年 4 月 1 日，http：//gdjr.gd.gov.cn/jrzx/dfjr/gz/content/post_ 1121392.html。

小镇的落地，为番禺区金融发展提供了巨大机遇，番禺区金融协会落实万博基金小镇服务实体经济工作机制，成立私募基金专委会，加强对私募机构的服务。通过协助金融招商、提供集群注册地址、免费为落户基金企业办理注册登记、举办投资基金合规培训及私募投资项目对接等活动，全力打造私募投资高地。截至 2022 年 12 月，万博基金小镇中已在中国证券投资基金业协会登记为私募基金管理人的股权类风险投资机构 43 家，发行股权类私募投资基金产品 128 只，实际募集资金规模超过 150 亿元。万博基金小镇产生了一批优秀的股权类风险投资管理机构，如广州番禺产业投资有限公司、广东易简投资有限公司、广州零点股权投资管理有限公司、广州启诚创业投资管理有限公司，发挥"资本入番"的作用，全力打造万博金融高质量发展集聚区。在服务支持企业发展的过程中，一批私募股权投资机构以强有力的资金和资源支持，赋能番禺企业提质增效。如十牛科技、豪特节能、探迹科技、虎牙直播、环峰能源、凌玮科技、熵能新材、思林杰科技、乐摇摇科技等 51 家番禺企业，投资超过 6 亿元，为科技型、成长型企业提供资金支持和能力建设服务。

三、项目取得的成效

广州市番禺区金融协会通过开展搭建资金供需平台（产融对接）活动，为广州地区金融服务实体企业提供可借鉴的实践经验。2017—2022 年，协会共举办产融对接活动 107 场，超过 1.2 万家企业与 3500 多家金融机构参加现场对接，累计解决了企业 893 亿元的资金需求。其中，2020 年新冠疫情暴发期间，共举办 29 场产融对接活动，协调解决了 5898 家企业 268 亿元的资金需求，为企业抗击疫情和复工复产提供资金支持，不断优化番禺区金融发展环境。

广州市番禺区金融协会举办的产融对接活动得到政府部门、企业和金融机构的充分肯定。2019 年及 2022 年广州金融发布会，相关政府领导讲话分享了协会实践做法。此外，还获得人民网、中宏网、中华工商网、《南方日报》、《广州日报》、《羊城晚报》、广州电视台等媒体多次报道，活动影响力不断扩大。

四、项目的经验启示

一是要紧抓金融行业重大发展机遇，助力经济高质量发展。习近平总书记在党的二十大报告中提出，要坚持把发展经济的着力点放在实体经济上。《广州市金融发展"十四五"规划》提出，不断提升金融服务实体经济质效，助推经济高质量发展。番禺区金融协会以企业需求为出发点，结合行业政策导向，大力搭建资金供需平台，开展产融对接活动，助力番禺区实体经济发展。

二是要紧贴企业需求，打造特色品牌项目。番禺区金融协会作为行业协会商会，其首要作用是服务会员，满足会员发展需求。协会以企业需求为出发点和落脚点，深入开展企业调研，设立金融工作服务站，及时了解企业需求，急企业之所急，打造产融对接品牌项目，解决企业在发展过程中的融资难题，为番禺区实体企业高质量发展注入更多金融活水。

附：

机 构 概 况

广州市番禺区金融协会原名"广州市番禺区中小企业投融资促进会"，是由番禺区主要金融机构共同发起，于2012年1月在番禺区民政局登记核准成立。协会发展战略目标为"致力满足地方经济建设和企业对各种金融资源的需求"。协会荣获广州市品牌社会组织、5A级社会组织、广州市工商联"四好商会"、番禺区工商联示范性行业协会称号。

粤港澳温州人大会——勾画发展同心圆

广州温州商会

一、项目实施背景

广州温州商会是一家由在广州投资创业的温州籍企业家自发组建的、具有法人地位的异地商会，商会围绕"为温州人服务，力求有助于温州人在广州更好地学习、工作和生活"的办会宗旨，积极开展促进在粤温商经贸发展的活动，并逐步打造粤港澳温州人大会品牌项目。

粤港澳温州人大会由广州温州商会首倡并与粤港澳地区温籍社会团体共同发起，2015年至今已举办八届，广州温州商会承办其中六届。举办粤港澳温州人大会，旨在进一步凝聚粤港澳温州人的智慧和力量，共同搭建一个全新的联谊、交流和合作平台，促进温州人在粤港澳地区乃至全球的交流互动，引导在外温州人进一步弘扬和提升"温州人精神"，不断创新创业，为"四千精神"①注入新内涵，推动民营经济高质量发展，为粤港澳地区经济和社会事业发展，为温州经济发展作出新的贡献。

二、项目实践模式

粤港澳温州人大会是广州温州商会在探索异地商会发展新路径中逐步

---

① "四千精神"即走遍千山万水、说尽千言万语、想尽千方百计、吃尽千辛万苦，在十四届全国人大一次会议记者会上，国务院总理李强强调个体私营经济创造的"四千精神"。

打造的品牌项目。广州温州商会结合粤港澳大湾区融合发展的需要以及温州人交流合作的需求,整合会员资源,不断丰富大会形式和内容。

(一) 制订品牌建设发展规划

广州温州商会依据有关政策法规,围绕打造"百年商会、百年温商"的远大愿景,制订了《广州温州商会 2015—2025 年战略发展规划》,并据此制订了《广州温州商会品牌建设发展规划》,明确了品牌建设工作的指导思想、基本原则和发展目标。提出要发挥商会自身优势,围绕服务会员、服务政府、服务社会、服务家乡等方面,形成商会自身品牌。粤港澳温州人大会则是广州温州商会重点谋划和推进的品牌项目之一。

(二) 建立大会筹备工作机制

为确保大会顺利举办,广州温州商会建立多方联动沟通机制,确保各方协调合作和高效沟通。一是成立专门的筹备工作组。由商会会长任组长,秘书长、执行会长等任副组长,负责统筹协调会务、接待、场地布置、安全保障、交通运输等方面的工作。二是制订详细的执行计划和时间表。明确每个环节的责任人和时间节点,确保各个环节之间的衔接。三是定期召开协调会议。根据活动需要,加强与公安部门、文化管理部门和交通管理部门的协调联系,与策划单位、酒店、安保公司等定期召开协调会议,及时分享相关信息,切实解决筹备过程中的问题,并适时调整计划。四是制定安全保障与应急预案。在场地安全、交通疏导、应急医疗服务等方面建立协调机制,及时应对突发事件和应急情况。五是建立工作人员培训机制。对筹备工作组及各相关部门的工作人员进行集中培训,使其明确各自责任和工作流程,提高应对突发情况和解决问题的能力。六是制定审核检查机制。强化各项准备工作审核和检查,确保各项准备工作符合要求。同时,大会正式举办前进行彩排演练,及时发现问题并进行纠正。

(三) 不断丰富大会内容与形式

广州温州商会不断总结粤港澳温州人大会的举办经验,探索创新大会举办模式。目前,大会由经济论坛、成果展示、宣传推广、招商推介、经验交流、文化交流、文艺晚会等环节组成,有效向社会展示粤港澳温州人和温商企业的发展成果，传播温商文化和温州文化，推进广州、温州两地的招商引资项目落地。

三、项目取得的成效

粤港澳温州人大会举办以来，极大地推动了粤港澳地区温州人的区域联动，成为粤港澳地区温州人新的联谊、交流与合作的发展平台。

（一）促进了粤港澳地区温州人区域联动

广州温州商会发挥了粤港澳地区温州人分布广、数量多、知名度高的优势，以粤港澳温州人大会为桥梁，把大湾区的温州人凝聚起来，打破空间隔阂，交往和互动合作更加密切，大力推动粤港澳地区经济社会发展。大会参会规模宏大，参会人员包括粤温两地领导、在穗商协会代表、海外温籍侨领、全国各地温州商会会长、在穗知名温籍乡贤及特邀嘉宾。据不完全统计，每届大会参会人数均超过 1000 人次，其中，第二届、第四届大会，参会人数分别高达 1 万人次与 2.4 万人次。此外，通过举办粤港澳温州人大会，推动成立粤港澳温州工商会联合会，粤港澳温州企业有了实质性的沟通渠道。

（二）有效促成温商企业在不同领域的合作

历届粤港澳温州人大会均得到穗温两地政府的高度重视和支持，温州市主要领导率领党政代表团出席大会，并借此机会召集粤港澳地区温州乡贤开展宣传推介、招商引资工作座谈会，签订相关项目协议，成效显著。其中，在第三届粤港澳温州人大会的温州市招商引资项目签约环节中，共签约 7 个项目，总投资达 110.3 亿元，平均单个项目投资额达 15.76 亿元，涉及高端装备、先进制造、旅游、总部经济、物流、现代农业、商贸七大产业。

（三）商会资源得到有效拓展

广州温州商会通过打造粤港澳温州人大会品牌项目，提升商会的知名度和影响力，相关资源也得到有效拓展。目前，广州温州商会与 20 多家外国在华商会建立了联系，10多个国家驻广州总领馆负责人到商会开展工作洽谈、经贸洽谈，部分会员单位借此机会开辟了国际商贸新渠道，获得新发展。

四、项目的经验启示

一是大会主题要紧跟国家重大战略，引领温商企业发展。粤港澳温州人大会每一届主题都紧紧围绕党和国家重要发展战略，与时代脉搏同频共振，引领温商企业发展。例如，2015年，国家倡导"大众创业、万众创新"。因此，第一届粤港澳温州人大会的主题是"创新创业 再创天下先"，借助粤港澳温州人大会的崭新平台，发挥桥梁纽带作用，积极推动温州与粤港澳的合作交流，推动粤港澳温州人创业创新，携手推进温州和粤港澳地区的共同发展；2020年12月，第六届粤港澳温州人大会围绕疫情后企业发展话题，与广东卫视合作，现场录制了《财经郎眼》特别节目"后疫情时代——企业家的转型之道"；2021年，中央财经委员会第十次会议强调共同富裕是社会主义的本质要求，是中国式现代化的重要特征。在此背景下，第七届粤港澳温州人大会主题是"共赢、共富、共发展"，进一步凝聚粤港澳温州人的力量，助推湾区经济，唱响共同富裕主旋律。

二是打造品牌项目，需要充分结合机构优势。广州温州商会结合机构发展情况，制订品牌建设规划，系统推进品牌项目落地。广州温州商会作为连接温州籍工商企业家的异地商会，充分发挥其资源整合和社会动员方面的优势，获得相关政府部门、企业家的大力支持，推动粤港澳温商企业实现信息互通、资源共享。

三是加强团队建设是成功打造品牌项目的关键因素之一。一个团结、协作、高效的团队能够更好地应对项目挑战。粤港澳温州人大会规模大、参会人员多元、流程复杂，在项目筹备和实施过程中，需要能力过硬的团队执行。各届大会能够圆满举办，得益于广州温州商会制定了系统的管理体系，组建起了一个执行力高效的团队。在筹备大会过程中，大会涉及的所有重大事项由执行会长办公会议、会长办公扩大会议决策，提交理事会审议通过，由秘书长办公会议落实执行，由监事会予以监督，确保各项方案落到实处。

附：

机构概况

广州温州商会于 2002 年 12 月 25 日在广州市民政局注册成立，是由在广州投资发展的温州籍工商企业家自发组建、具有法人地位的社会组织，是广州市第一个获批成立的异地商会。广州温州商会围绕"为温州人服务，力求有助于温州人在广州更好地学习、工作和生活"的办会宗旨和"百年商会""百年温商"的愿景，致力于打造有广泛群众基础、有组织、有纪律、能维权、能服务、能推动在粤温商经贸发展的社会组织。广州温州商会先后荣获数十项荣誉称号，被评为广州市社会组织 5A 级商会、广州市品牌社会组织、广州市社会组织联合会"卓越社会组织"、全国工商联系统"四好商会"、广州市工商联"标杆商会"、广州市社会组织先进基层党组织。

"益路同行 慈善共赢"
番禺区慈善创投项目

广州市番禺区慈善会

一、项目实施背景

党的十九届四中全会特别提出重视发挥第三次分配作用，发展慈善等社会公益事业，确立了公益慈善事业在我国国民经济和社会发展中的重要地位。慈善事业的发展成为政府和社会各界关注的一大议题，推动慈善事业高质量发展也成为一项长期的战略性任务。在实践过程中发现，公益创投成为推动公益慈善事业高质量发展的重要手段之一。

2013 年 10 月，广州市民政局联合市财政局出台《广州市社会组织公益创投项目管理办法》，对公益创投主体、项目征集、评审、实施、监管进行了全面的规定，为番禺区自主进行公益慈善创投提供了科学指引。2014 年，广州市番禺区慈善会独立策划举办首届"番禺区异地务工人员子女冬令营项目大赛"，开始探索公益创投模式，为后来规范化、专业化举办公益创投大赛奠定了基础。

2015—2022 年，番禺区公益慈善创投项目大赛已连续举办了八届，资助资金累计 1372 万元，共资助项目 137 个，全面覆盖番禺区 16 个镇（街），促成资源对接，成功培育了一批具有社会影响力的创新公益慈善项目，番禺区公益慈善创投项目大赛已成为番禺区一大品牌项目。

二、项目实践模式

经过八届大赛的探索实践，广州市番禺区慈善会总结出"一基双引四轮驱动全民慈善"的公益创投模式，以番禺慈善之区为基准，坚持党建引领与政策引领，在区民政局指导下，番禺区慈善会搭建平台，番禺区社会组织联合会共同推动，社会组织广泛参与，打造番禺慈善品牌，提升社会组织服务水平，实现公益慈善创投本土化发展。

（一）依托比赛平台驱动项目创新

公益创投面向全区社会组织广泛征集创新公益服务项目，通过比赛宣传、公布创投大赛申投细则及申投类别，有效动员广大企业、社会组织和社会成员深入参与。组建专家团队，围绕项目需求调研、方案设计分析、机构管理水平、规范财务管理等方面进行综合评估，确定获得资助的项目名单。相较于政府购买服务模式，公益创投采用创投比赛的形式，充分发挥申投组织的自主性，通过各项目竞争和严格的评审制度，能够最大限度激励申投组织不断进行项目改进和创新，提高项目质量。

在具体实施过程中，番禺区慈善会和大赛承办方共同发布系列指引和工具，供社会组织了解公益创投流程。在确定资助项目后，番禺区慈善会和大赛承办方为所有资助项目配以全链条的日常专业指导、季度监测反馈、能力建设提升培训、实地走访督导等常规服务，推进各项目有序高效执行。

（二）链接多元主体资源打造品牌项目

番禺区慈善会和大赛承办方评选出优质项目，不仅为项目执行机构提供资金支持，还为其提供全流程的培训及指导，联合学界、业界，整合多元资源，为各项目实施提供能力智力支持。

在资金支持方面，番禺区公益慈善创投为初创型和中小型的社会组织提供"种子资金"，资助资金主要来源于番禺区慈善会，同时，积极链接多方资源，为各项目提供资金支持。在能力建设方面，首先运用项目案例探讨、网络培训等形式提高各组织的项目管理、财务管理能力。同时，开发公益筹资、短视频传播课程，提高创投主体的资源拓展及传播能力。其次，鼓励创投主体根据实施团队的成长发展需要，积极参加由其他组织举办的各类能力提升培训。在培育支持方面，番禺区慈善会注重发挥专家智库团队的专业支持作用，组建了一个多元领域的专家智库团队，涵盖社会组织理论研究、项目管理、社工实务、财会法务、传播创新等多个领域。这批专家在项目遴选、实地督导、中期评估、末期评估、能力建设培训等各环节全程参与，为初创型组织规范化、成熟型组织品牌化发展提供智力支持。番禺区公益慈善创投项目大赛通过对项目合作单位进行相应的指引，引导项目通过发掘多元资源，联动多元主体力量，提升项目服务的专业性和创新性。

（三）以评促建，提高项目质量

经过 8 年的实践，番禺区公益慈善创投项目大赛形成相对完善的评审机制。具体而言，大赛启动时，主办单位及大赛承办单位根据区域发展情况、大赛目标及内容，结合专家智库意见，制定出本届大赛评审指标，并在专家库里调取项目管理、品牌传播、财务管理、项目评估等实务领域专业人士，组成大赛复审评选委员会。在项目征集及初审阶段，承办单位对创投主体的机构资质、申报规范性进行评估，形成入选名单。在专家评审阶段，大赛复审评选委员会围绕项目设计、执行团队能力、公益性、社会效益性、创新性等标准，评选入围项目，进入路演环节。在项目路演阶段，在专家库里选取相关专家学者与主办方代表组成评审委员会，对专家评审入围项目进行终选评审，拟订资助项目和资助金额。最后，主办方综合专家评审意见、项目质量、申报组织资质，确定最终资助项目和资助金额。

在项目实施阶段，项目督导、项目评估承办方在专家库里调取评估专家，组成项目评估委员会，制定评估指标，对受资助的创投项目进行中期、末期评估，基于评估结果，推选优秀创投项目，在大赛总结大会上进行项目成果展示及表彰。通过制定完善的评估机制，以评促建，帮助项目执行团队及时发现问题，调整实施方案，提高项目质量。

三、项目取得的成效

自 2015 年起，番禺区慈善会以公益慈善创投项目大赛为平台，发动社会组织积极参与公益慈善项目，利用社会组织的行业优势，为区内群众提供多元、专业、优质的公益服务，公益创投成效显著。

（一）服务领域不断多元化，覆盖范围涵盖番禺全区

番禺区慈善会采用创投项目大赛的形式，为社会组织提供项目落地资金和能力建设支持，吸引不同领域、不同类型的社会组织广泛参与，项目服务领域不断多元化，项目覆盖范围不断扩大。

公益创投大赛从一开始涉及的失独家庭支持、未成年人保护、外来务工子女夏令营 3 个服务领域，拓展至涵盖为老服务类、救助帮困类、助残服务类、来穗务工人员子女服务类、青少年服务类（冬夏令营、周末素质拓展）、社会治理类、其他社会创新类等多个服务领域，项目覆盖范围不断扩大。其中，2022 年，公益创投大赛直接受益人群超过 7.8 万人。2019—2020 年的公益慈善创投大赛在延续原有分类的基础上不断完善，在建设"五社联动"共治生态圈的背景下，番禺区公益慈善创投进行升级迭代，以"创新+服务"理念为指导，新增了社区社会组织培育和社区治理创新服务领域。经过 8 年的实践，番禺区公益慈善创投项目大赛成功培育了一批具有社会影响力的创新公益慈善项目，涵盖社区治理、社区社会组织培育、困难单亲家庭支持、失独家庭支持、来穗务工人员子女服务、未成年人保护、青少年冬夏令营、扶老服务、关爱残障人士等多个领域。

（二）孵化社会创新项目，激发社会组织活力

从 2019 年开始，番禺区公益慈善创投项目大赛进行改革，重点聚焦支持社会组织的孵化及培育，尤其是社区社会组织，通过充分发挥公益创投种子资金的作用，帮助组织发展壮大，为番禺区社会创新提供储备力量。同时，鼓励社会组织调动各方主体与资源，引导其参与社区治理创新服

务，推进社区发展与助力社区治理，实现小资金撬动大资源的杠杆效应。

此外，以项目化为实践平台，2022年创投还产出了许多理论成果，推进了番禺社会组织、社会工作、慈善工作标准化的进程。如广东省惠诚社会工作评估中心产出的《2022年番禺区"五社联动"评价体系》、《番禺区镇街社联会评价体系》和《番禺区优秀社区社会组织评价体系》等，为"五社联动"标准化提供依据，指导示范试点社区治理工作；广州市社会创新中心结合"慈善之区幸福番禺"创建经验，完成《番禺区慈善社区创建评价办法（参考意见稿）》《2022年广州市番禺区社区慈善基金评估方案》《番禺区社区慈善模式调研与案例集》编撰，举办"全国慈善事业与社会工作标准化委员会2022年度工作会议暨慈善事业与社会工作标准化体系研讨会"，开展社区慈善模式案例征集说明会，恒常提供案例撰写及社区慈善基金督导支持，促进"番禺慈善经验"的全国性展示与交流。

（三）项目宣传渠道多样，扩大社会影响力

2022年公益慈善创投大赛中，许多项目使用直播、录播、线上互动等方式，大幅提升了项目宣传覆盖面。截至2022年12月6日，创投项目宣传渠道多样，宣传资料产出新颖，累计得到各类媒体包括但不限于南方+、《广州日报》、《信息时报》、番禺融媒、南方卫视、新媒体新浪广东、腾讯、网易、今日头条、广东新闻、广东在线等主流媒体报道共182次；自媒体报道主要由创投单位自身的微信公众号、官网、抖音号等渠道组成，报道共575次；其他媒体报道主要由政府职能部门微信公众号、主办方和承办方微信公众号组成，报道共52次；阅读量达到12.58万次。经过八届创投大赛的发展，番禺区公益慈善创投宣传内容不断丰富，宣传渠道多样，创投主体能够及时将项目活动预告、项目成效总结等内容进行发布，扩大了社会影响力。

四、项目的经验启示

（一）鼓励社会资本参与，加强政社合作

一是番禺区公益慈善创投在坚持党和政府对公益慈善创投项目大赛指

导的基础上，鼓励慈善会、社会组织向外发掘社会资源，补充项目的资金缺口，有利于新兴公益活动和组织的孕育和发展。二是鼓励公益项目寻求社会资源，有助于促进社会组织走向市场化和专业化的运营道路。

（二）鼓励多主体协作，促进社区参与

番禺区举办公益慈善创投项目大赛的目的之一是发掘并宣传辖区内一批深受社区居民欢迎、具有良好社会效益的社会组织和公益项目。目前，番禺区公益慈善创投以政府、爱心企业、基金会、媒体、学术机构为主要参与主体，但仍缺乏来自社区居民以及项目受益人的声音，使得公益项目筛选缺乏自下而上的以受众需求为中心的公益关怀。番禺区公益慈善创投项目大赛一方面可以引进社区力量参与项目评选，由社区居民代表参与项目评选，选出更适合本社区发展的公益项目；另一方面，也优先考虑能够引导和动员社区参与的公益项目。通过公益慈善创投项目大赛，实现以社区公益慈善创投项目为载体，充分发挥社区居委会和居民自治的基础性作用，培育居民主体性，深化社会参与，整合社区治理资源。

（三）加强第三方评估，以评促建规范公益慈善创投

对公益慈善创投成果进行科学、专业、客观的评估，有利于规范公益项目的运营方式，确保公益项目的运作合法合规。目前，番禺区公益慈善创投活动的评估工作主要由承办单位组织邀请行业内专家学者评估，缺乏第三方评估监管机制，容易导致专业性不足、深度调研不足、主观性明显等问题。因此，建议健全和完善第三方评估制度，引进更为专业的、独立的第三方评估机构，引进多元资金支持第三方评估工作，避免评估工作的专业性和客观性受影响。另外，从顶层设计为第三方评估建立科学合理的监督管理机制，避免监管者缺位现象的出现，确保评估工作的公平客观。

附：

<h1 style="text-align:center">机 构 概 况</h1>

广州市番禺区慈善会成立于 2001 年 5 月，是广州市番禺区民政局登记注册、有法人资格、立足番禺面向全社会的社会团体类非营利性慈善组织；具有慈善组织公开募捐资格和税前抵扣资格，为广州市 5A 级社会组织和广州市品牌社会组织。

自成立以来，番禺区慈善会深入贯彻国家、省、市、区关于慈善事业的重要指示精神，充分发挥慈善在第三次分配中的作用，不断推进慈善制度创新和实践创新，主动链接多元社会资源，广泛开展慈善救助、乡村振兴、社会组织培育、慈善慰问等各类"慈善+"公益活动，在兜底保障民生需求、促进社区共建共治共享、弘扬慈善文化、助力共同富裕等方面发挥了重要作用。近年来，荣获 2019 年度"东西部扶贫协作先进单位"、广东扶贫济困"红棉杯"金杯，荣获 2020 年度广东省慈善总会颁发的慈善事业突出贡献奖，2017—2021 年度连续 5 年获得广州地区慈善组织透明度评价等级 A 级评定，2018—2020 年度连续 3 年居广州市区域慈善排行榜综合发展指数第一名，2020—2021 年连续两年荣获"广州慈善捐赠榜"五星慈善单位和最具影响力慈善组织、2020 年度第五届广州社会创新榜"年度致敬创新项目——社区基金：开启番禺全民慈善新时代"等荣誉。

点亮群众"微心愿"，绽放民生"幸福花"

——从化区"如愿行动"精准帮扶服务项目

广州市从化区慈善会

一、项目实施背景

从化区作为广州市面积最大的行政区，地处市郊，经济发展欠发达，困境群体生活条件有待改善。截至 2023 年 6 月 30 日，从化区在册低保家庭 4410 户 12659 人，最低生活保障边缘家庭 222 户 823 人，特困供养人员 1255 人，困境留守儿童 4052 名①，困境群体基数大。

从化区慈善会积极贯彻落实党的二十大精神与习近平总书记对民政工作的重要指示批示精神，加快建设与从化区实施乡村振兴战略相适应的基层社会治理体系，推动健全弱有所扶、弱有众扶的基本公共制度，以群众"微心愿"为切入点，撬动社会公益慈善资源，提升精准帮扶服务质量。

2020 年 4 月，在从化区新时代文明实践中心、从化区民政局的指导下，从化区慈善会联合从化区志愿者协会正式发起"如愿行动"。项目搭建省内首个通过互联网信息化手段点亮"微心愿"的"如愿行动"众扶互助平台，通过互联网的传播扩散性，打破地域限制，直击线下"微心愿"活动对接时间长、认捐匹配难等"痛点"，采用"慈善+志愿+社工+N"的多维度服务模式，精准帮扶困难群众解决实际生活所需。

---

① 数据由广州市从化区民政局社会救助科、广州市从化区未成年人救助保护中心提供。

二、项目实践模式

（一）打造"众扶互助平台"，广泛动员社会爱心力量

项目打造"如愿行动"众扶互助平台，融合"慈善+志愿+社工+N"模式，通过社工、志愿者深入社区，收集低保家庭、独居长者、困境留守儿童、残障人士等困难群体迫切需求，由从化区慈善会自主研发的线上平台发布"微心愿"，利用互联网传播扩散，广泛调动热心公益的企业、组织与个人等社会力量筹款捐物，满足困难群众所想所需所盼，传递爱心力量。项目借助平台构建"发起—对接—核实—终审—发布—众筹—拨付—采购—交付—点亮"完整的服务流程，便捷精准地对接社会公益慈善资源，织密织牢困难群众兜底保障网。

图1 项目流程

"如愿行动"在心愿对接的基础上，不断完善平台机制，建立全流程的捐赠反馈与透明监督机制。平台通过实时向捐赠人推送"微心愿"筹募进度、推送"点亮"提醒等功能，及时反馈"微心愿"实施情况；通过每月定期向社会公示捐赠资金使用情况，让捐赠监管更为透明规范。此外，捐赠人通过在留言区与心愿人互动，让爱心有效链接，大幅提升捐赠双方的参与体验。

（二）启动"如愿义仓"，激发企业参与公益活力

为畅通企业行善渠道，构建"如愿行动"项目多元资源体系，让企业公益慈善和志愿服务直达有需要的困难群众，从化区慈善会于2020年5月在全国范围内首启"志愿服务企业"和"如愿义仓"实践探索，推动企业公益慈善融合志愿服务。

借助"如愿行动"众扶互助平台，从化区慈善会与爱心商家、企业建立战略合作伙伴关系、签订合作协议，邀请首批12家志愿服务企业共同打造"如愿行动"众扶互助平台的"如愿义仓"。困难群体在"如愿义仓"发布日常所需的"微心愿"，由志愿服务企业以捐赠认领或低偿支持方式对接，更好更快地实现精准帮扶；志愿服务企业的员工也可成为"如愿行动"志愿者，通过提供上门服务，为困难群众点亮"微心愿"。"如愿义仓"的打造，极大激发企业参与公益的热情，有效拓展企业践行社会责任的形式。

（三）切实开展"三大计划"，持续深化服务领域

"如愿行动"通过对个体"微心愿"的收集分析，挖掘困境群体服务共性需求，进阶发起多期专题"如愿行动"，从生活物品类心愿的基础支持拓展到服务类心愿的有效补充，多维度关注困境群体生活质量的保障与提升。随着"如愿行动"影响力的提升，项目拓展资源网络，以困境群体家庭为单位，整理包括家居适老化改造、房屋补漏、房屋电路修整等常规服务的心愿清单，开展"微项目"帮扶的创新探索，推动社会救助从单一物质救助向"物质救助+服务救助"双重转变。

"如愿行动"相继推出基层党建如愿行动"百千万"计划、"幸福+"计划、"温暖+1℃"计划，以"三大计划"切实办好"民生微实事"。基层党建如愿行动"百千万"计划通过联动区委组织部，动员全区100个以上党支部、1000名以上党员参与，为民办实事，点燃党建引领乡村多元共治的"红色引擎"。"幸福+"计划围绕困难群众吃饭、洗衣、学习、就诊、理发等生活必需方面遇到的实际困难，推出"幸福衣坊""幸福食堂""幸福义诊""幸福义剪""幸福童享""幸福学堂"六大主题项目。"温

暖+1℃"计划每年选定一类特殊群体，如留守困境儿童、困难长者、单亲妈妈、外来务工人员等，通过"如愿行动"平台，整合资源，先后推出困境儿童新年"变装心愿包"、困境长者新春"关爱温暖包"、困境残障人士新春定制"关爱改造包"等新春温暖行动。

（四）打破地域限制，提升项目影响力

从化区慈善会推动"如愿行动"突破地域限制，积极参与政府号召的跨区域对口落后帮扶项目，输出品牌经验，提升项目影响力。2020年，"如愿行动"项目对接千里外的贵州省毕节市，为当地的48名贫困学生、困难家庭点亮"微心愿"。为当地学校链接资源，捐赠学习用品和体育器材，改善贫困山区孩子的生活与学习条件。2021年，"如愿行动"服务延伸至新疆，为新疆喀什地区疏附县托克扎克两地103名学生的"微心愿"进行慈善募捐。为当地学校募集电脑、课桌椅、乒乓球台等文体用具和书籍等学习用品，助力新疆学子健康快乐成长，延续爱心接力。

三、项目取得的成效

（一）多元主体接力，有效实现困难群众"微心愿"

"如愿行动"项目充分联动了党员、爱心人士、爱心企业、社会组织等社会力量参与困难群体"微心愿"认领，截至2023年5月31日，已有200多个基层党组织，发动党员及爱心人士超3.2万人次参与平台捐赠，为5097名困难群众实现了"微心愿"。"如愿义仓"实现了企业链接，志愿服务企业直接捐物捐资点亮微心愿100多个；50多家社会组织响应区社会组织党委号召，对接完成困难群众微心愿200多个。

（二）项目服务模式不断拓展，满足了困难群体个性与共性需求

"如愿行动"通过"微心愿"满足困难群体的个性化需求，同时，关注困境群体的共性服务需求，通过开发系列专项服务，以"微项目"形式，不断拓展困境群体服务领域。此外，项目关注对困境群体及特殊人群的情感关怀，借助开展大型社区义卖义演活动及多次进社区活动，丰富困

境群体社区活动节目；链接爱心家庭对社区困难家庭进行结对帮扶，开启社区"微公益"；通过"公益+运动"方式，关爱残障群体、单亲家庭、低保困难家庭等特殊人群，营造人人关爱困境群体的良好社会风尚。

（三）项目获得各方认可，社会影响力不断提升

"如愿行动"项目自推出以来获得社会各界的关注及支持。其中，"如愿行动　助圆贵州学子梦"扶贫活动获得《毕节新闻联播》报道。2021年，项目被拍摄成第十一届广州市党员教育电视片优秀作品进行展播；2021年1月，项目获得"2020年度广州市优秀社区志愿服务项目"荣誉；2021年2月，项目案例收录于《中国社会工作》杂志，并获得广泛关注。截至目前，"如愿行动"受到中央媒体报道9次，广东省级媒体报道81次，学习强国平台报道21次，从化区本地媒体报道200多次。

四、项目的经验启示

（一）回应困境群体不同层次需求，需要不断创新服务形式，提升服务水平

识别困境群体的真实需要，是有效服务供给的基础。困境群体的需求具有综合性、复杂性和多元性，不同层次需求需要采取不同服务策略解决。一方面需要关注困境群体的个性化需要，提供有针对性的服务；另一方面也需要关注困境群体共性服务需求，探索建立多层次、综合性服务体系，回应困境群体的关键议题。从化区"如愿行动"以民生需求为导向，不断创新服务模式。一是打造众扶互助平台，实现"微心愿"项目流程透明化、规范化运作，提高心愿对接效率。二是启动"如愿义仓"，创新企业参与公益慈善的形式，从多角度、整体性的视角回应困境群体多元化需求，具有较强的参考价值。

（二）有效调动多元主体参与，需要发挥互联网优势，提供便捷参与渠道

"如愿行动"利用信息化技术创新打造了线上众扶互助平台，通过互

联网打破了空间限制，使社会各主体便捷地参与"如愿行动"，有效践行和传播"微公益"理念，也加速了项目品牌化的进程。通过线上平台建设，高效完善项目宣传发布、资源对接与监管反馈等系列机制，调动多元主体参与，汇聚慈善力量。"互联网+"为公益慈善活动提供更便捷高效的服务形式，成功动员社会各界爱心人士、企业、社会组织等多元主体参与公益慈善，共同推动慈善事业发展。

（三）注重公信力建设，优化品牌服务体验

从化区慈善会注重组织的公信力建设，通过"如愿行动"众扶互助平台，积极披露项目信息，推动项目实现透明化运作，使公众与捐赠人及时了解资金使用、项目进度等项目信息，增强其信任度。在心愿对接过程中，注重反馈互动及情感交流，持续优化服务体验，综合提升项目公信力。

附：

机 构 概 况

广州市从化区慈善会成立于 2004 年 11 月 30 日，是由社会各界热心于慈善事业的单位、社会团体和人士自愿组成的地方性、非营利性的社会团体。在社会各界的大力支持下，秉承"扶贫济困，见难相助"的宗旨，倡导"乡村振兴，从善而行"的理念，聚焦脱贫攻坚、聚焦特殊群体、聚焦群众关切，大力弘扬志愿精神、传播慈善文化、畅通慈善渠道、创新慈善形式，为从化建设幸福美丽生态之城，打造全省乃至全国乡村振兴示范区贡献力量。

从化区慈善会不断加强自身建设，提升社会公信力，2014 年获得公益性捐赠税前扣除资格；2017 年被认定为慈善组织和获得公开募捐资格；2020 年被广州市社会组织管理局评为 4A 级社会组织；2021 年被广州市社会组织管理局评为"广州市品牌社会组织"；2017—2018 年先后获得市、区授予的"巾帼文明岗"称号；2017—2022 年连续 6 年获得广州地区慈善

组织透明度 A 级评价；2019—2022 年，区慈善会连续 4 年上榜广州慈善组织榜，还获得了"广州市民政系统工作中表现突出集体""从化区三八红旗手""从化区先进集体""广州社会组织助力乡村振兴突出贡献单位"等称号。中共广州市从化区慈善会支部被中共广州市社会组织委员会评为 2023 年度"优秀党组织"。2019—2021 年广州市发布各区慈善指数综合排名中，从化区连续 3 年稳居第二名。

广州市慈善空间创益计划品牌项目

广州市公益慈善联合会

一、项目实施背景

2016 年，广州市民政局、广州市文明办出台了广州慈善广场等慈善标志创建活动方案，全面启动慈善广场、慈善社区、慈善街道等慈善标志创建工作①。经过 3 年建设，已创建慈善街道、慈善广场等慈善标志超过 200 个。为优化升级慈善标志，打造"标准化+个性化"慈善实体空间，在广州市民政局的指导下，广州市公益慈善联合会与广州市慈善会启动"广州市慈善空间创益计划"，鼓励车站、医院、学校、公园、商业广场、图书馆等各类公共场所设置慈善空间，推动公益慈善下沉至社区，形成"人人慈善为人人"的社会氛围。

2020 年 8 月，广州市人民政府印发《广州市推动慈善事业高质量发展行动方案》，特别提出鼓励大型商业广场、图书馆、连锁门店、游客中心等设置慈善空间，用于慈善项目宣传、慈善活动开展、慈善文化传播等②。2021 年 6 月，广州市民政局印发《关于组织开展广州市慈善空间创益计划的通知》，推动各区大力发展慈善空间。全市已累计创建慈善空间超 1000

---

① 《广州启动慈善标志建设》，广州市民政局网站，2016 年 5 月 20 日，http：//mzj. gz. gov. cn/gk/gycsxx/content/post_ 3123520. html。

② 《广州市人民政府关于印发推动慈善事业高质量发展行动方案的通知》，广州市人民政府门户网站，2022 年 8 月 11 日，https：//www. gz. gov. cn/zfjg/gzsrmzfbgt/qtwj/content/post_ 6492769. html。

个，涉及企事业单位、社会组织等，以慈善空间为载体，开展困境儿童帮扶、社区居家养老、心智障碍教育与就业培训、志愿者服务等活动超 600 余次，服务群众近 9 万人次。

二、项目实践模式

（一）项目介绍

广州市慈善空间创益计划按照"民政部门指导、专业团队运营、多方力量共建、社会公众受益"的模式，依托强有力的组织保障，以激活慈善标志为基础，以大力发展慈善空间为重点，通过创建首批典范慈善空间吸引、调动社会力量申报积极性，按照推荐申报或者自行申报的方式，大力发展和创建类型多样的慈善空间，让公益慈善元素融入城市各个角落，拓宽公众了解和参与慈善渠道，构筑良好的慈善生态。

慈善空间是指为社会公众参与慈善提供平台的实体空间，分为慈善标志、社区慈善（志愿服务）工作站和创意空间三种类型。慈善空间的选址以市场化需求为导向，以"标准化+个性化"模式打造品牌，关注资源方与受益方的良性互动。慈善空间具备六大功能：一是弘扬慈善文化，深入挖掘和活化城市慈善历史文化，推动慈善文化融入城市生活方方面面。二是传播慈善理念，大力传播慈善文化和政策法规，推动慈善实践，不断激发市民参与慈善的热情。三是展示慈善组织，宣传慈善组织的工作成效，树立慈善组织良好形象，扩大慈善组织社会知晓度和美誉度。四是推广慈善项目，向公众介绍慈善项目，引导更多社会资源投向优质慈善项目。五是提供慈善咨询，为公众提供慈善政策指引、慈善救助及转介、慈善资源链接等咨询服务。六是开展慈善服务，利用自身优势开展义卖义演、慈善讲座、志愿服务等活动更好地服务辖区群众。

（二）慈善空间的创建实践

1. 基于共建单位性质，打造特色化的慈善空间

慈善空间运营的主体十分多元，需要基于共建单位的性质，充分发挥

和整合共建单位的优势和资源，打造各具特色的慈善空间。例如，广州图书馆慈善空间基于馆内视障人士服务基础创建，广州图书馆慈善空间创建后，通过慈善空间的联动，实现跨行业资源共享、信息畅通，搭建"慈善+党建"的协同发展平台，共同为青少年、残疾人、老年人等群体提供无障碍阅读、法律资源和其他公益服务。盈科慈善空间是广州市律师行业第一家慈善空间，提供公益律师咨询、公益法律直播等服务。

2. 结合在地政府核心工作，撬动多方力量参与慈善空间建设

广州市番禺区慈善会结合番禺区创建"慈善之区"工作，紧扣"五社联动"社区治理模式，联动村（居）社区创建了超200个慈善空间，并将其打造为社区慈善基金筹款的主阵地。在2021—2022年的公益创投大赛中，积极引导社会组织联合慈善空间进行专门的项目设计，番禺区西坊大院慈善空间便是其中的特色范本。一方面，推动了"西坊慈善空间——番禺青少年本土文化素质教育拓展"公益创投项目落地；另一方面，支持所在区域社区基金开展公益市集、慈善活动，积极引导空间内的爱心商店融入参与。

3. 以人流量为选址依据，触及更多市民群众

慈善空间的首要功能是弘扬与传播慈善文化、慈善理念。因此，慈善空间的选址应该充分考虑人流量，使公众更为便捷容易触及。目前，广州市建设慈善空间超过1000个，涵盖图书馆、连锁门店、大型超市等场所，均为人流量大的地方，有助于广泛传播慈善理念与精神，推动全民慈善发展。

三、项目取得的成效

（一）慈善空间实现全市覆盖，成功打造慈善新阵地

自2020年开始创建慈善空间，全市铺设慈善空间超1000个，空间类型多样，实现全市的广覆盖。其中，能够提供慈善宣传的广场类、户外公园类慈善空间约占总数的8%；专注为某一类人群开展慈善服务的慈善空

间约占总数的 12%；为社区居民开展综合服务的空间约占总数的 43%；具备特定服务功能的慈善空间约占 5%。慈善空间不仅拓宽了社会力量参与慈善的矩阵，也吸引了不同领域的企业参与，以慈善空间为载体，为公众提供专业化、多元化的服务，增进社会对公益慈善、慈善组织的了解和认同，让慈善成为一种社会风尚、一种生活方式。其中，比较典型的代表为广州联通，将部分线下门店打造为慈善空间，设立"三个一百"智慧助老行动，并计划在全市推动运营"百个智慧助老慈善空间"，开展"百场 1+N 智慧助老活动"，组建"百人智慧助老志愿队伍"，汇聚"智慧助老"志愿同心圆。

（二）有效激发更多社会力量参与，为公众提供专业化服务

据不完全统计，由社会服务机构运作的慈善空间约占总数的 15%；由企业运作的慈善空间约占总数的 16%；由行政事业单位运作的慈善空间约占总数的 69%。"慈善空间"的运营模式，有利于不同组织类型的主体参与，小到社区的一间活动室，大到市中心的标志物，只要能融入慈善元素，都能进行慈善空间的共创，这样的建设模式有助于慈善空间规范化发展，让慈善的服务质量得到进一步提升。例如，由五山社工站运营的"创益五山"公益花园慈善空间，在原有的服务基础上，将社区花园治理项目作为慈善空间的品牌进行打造，引导居民积极参与花园改造、培育活动，成为社区建设者，改善社区环境。同时，引入爱心商家在慈善空间开展公益展销活动，打造一个整合社区商企资源、居民力量，社区多元主体参与社区事务的空间平台。五美慈善空间是由五美律所运营，结合律所主要业务，打造以反家暴公益咨询活动为特色的慈善空间，从碎片化的公益直播到持续推行的公益咨询主题活动，慈善空间为五美律所提供全面系统开展慈善服务的平台。

（三）广泛传播慈善理念与文化，城市慈善氛围更加浓厚

2021 年，广州市公益慈善联合会联动慈善空间共建单位，启动"不忘初心跟党走，慈善为民办实事"联合传播行动，通过慈善空间阵地推广近 50 个优质慈善项目，引导更多社会资源支持优秀慈善项目开展。2022 年，

广州市公益慈善联合会结合第七个"中华慈善日"活动，启动慈善空间主题联合传播行动，引导近 100 个商超、户外公园、图书馆等类型的慈善空间为"慈善"亮屏，向市民展示慈善历史文化，传播"人人慈善为人人"的慈善理念和精神，推动慈善融入城市生活各方面。

四、项目的经验启示

（一）注重项目品牌建设，提高项目影响力

品牌形象是项目的无形资产，Logo 是品牌形象的重要组成部分。一个形象化、特色鲜明的 Logo 能够传递品牌的价值、特色，能够建立起与公众的情感链接。广州市慈善空间创益计划从立项之初，就注重项目形象的打造，设计结合项目特点和广府特征的 Logo，并结合广州市慈善空间 AED 行动，将 Logo 推广使用，后续将延展开展更多品牌项目的形象设计，提高项目的影响力，实现品牌价值。

项目品牌能够通过故事更立体地呈现出来，并且引起不同类型群体的共鸣。根据不同类型的慈善空间，讲好每一个慈善空间的故事。例如，从化区南海食街慈善空间，因当地乡村独居老人多，为了让年轻人返乡多陪伴老年人，该空间负责人发起老人生日宴活动，请过生日的老人吃寿宴，并引导年轻人关注关爱老年人。二沙岛体育公园作为一个公共的城市公园，负责人以党群服务中心为空间基点，支持高校志愿者队伍开设亲子粤语课堂等活动，通过典型的故事丰富项目的内涵。

（二）要立足本土慈善生态，打造特色化品牌项目

建设品牌项目需要系统思考项目的目标及项目的特点。广州市慈善空间创益计划以社会需求为出发点，系统规划慈善空间建设，推动社会问题解决。同时，严格把控项目质量，严格审核空间申报慈善材料，并通过实地走访和交流等方式，深入了解参与主体创建慈善空间的初衷和规划。2020 年，广州发起慈善空间项目以来，不同的城市也启动了慈善空间的创建工作，广州市慈善空间创益计划根植本土慈善生态，通过先试点、后规

模化推动的方式，探索一条具有广州特色的慈善空间建设之路。

（三）要凸显项目价值，获得公众认同

品牌项目要获得广泛认同，要重点强调项目的价值，项目的存在代表某种生活观念、情感和价值观。因此，慈善空间的传播紧扣"让公益慈善触手可及"等核心口号，向项目相关方传递项目的理念，对项目价值达成共识，并对项目保持长久的关注热度。

附：

机 构 概 况

广州市公益慈善联合会（以下简称广州慈联）于 2014 年 6 月在广州市民政局推动下成立。广州慈联秉承"联合慈善力量、搭建互动平台、促进行业自律、推动行业发展"的办会宗旨，积极倡导慈善为民理念，努力开拓服务领域，逐渐打造善知学园人才计划、慈善空间创益计划、寻找最美慈善家庭、区域慈善指数、广州市慈善榜等品牌项目，逐步发展成广州地区乃至全国具有一定影响力的慈善行业联合组织，为广州创建"慈善之城"作出了积极贡献。广州慈联是广州市 5A 级社会组织、广州市品牌社会组织、中国慈善联合会常务理事单位、中国好公益平台枢纽合作基地。

"智慧招商" 品牌项目

广州市现代城市更新产业发展中心

一、项目实施背景

党的二十大报告提出要加快构建新发展格局，着力推动高质量发展。招商作为激发市场活力、促进经济持续复苏的重要抓手，正在成为国内各地区的重点工作，但由于信息不对称等因素使招商面临引进好企业难、引进企业持续稳健发展难、引进企业难以形成产业集群等困境。因此，亟须前置招商工作，创新招商模式。

基于此，广州市现代城市更新产业发展中心以产业先行、智慧再造方式，充分衔接产业链"链长制"发展机制，依托大数据与人工智能技术，打造智慧招商品牌项目，以"精准化、可视化、高效化"真正实现产业智慧招商，助力产业发展，拉动区域整体经济高质量发展。

二、项目实践模式

2021年6月，中共广州市委办公厅、市人民政府办公厅联合印发《广州市构建"链长制"推进产业高质量发展的意见》，明确提出要打造21条产业链。智慧招商品牌项目充分发挥产业链"链长制"政府与市场联动的优势，依托大数据与人工智能技术，推行智慧分类行业数据、高效筛选潜在客户、快速转化目标客户的智慧招商"三部曲"，为政企提供从产业研究到招商落地的全流程服务。

（一）从学界、业界、政界多维度，深化顶层产业研究

从学界、业界、政界等多个维度，梳理产业链定义与特征，研究国家、省、市、区产业链现状及政策导向，并基于区域现状产业，梳理现状重点企业表单，形成产业链全景图谱。从区域产业定位出发，总结区域长板优势、短板问题，结合并贯彻国家、省、市产业发展导向，研判产业链重点细分领域，撰写专项产业报告，推动产业政策出台，为产业招商提供坚实基础。

（二）构建产业链工作机制，多维度描绘企业"画像"

根据《广州市推行"链长制"工作规则（试行）》等文件要求，智慧招商品牌项目按需建立"总链长+链长+链主+链长办"的重点产业"链长制"工作推进体系，明确各单位工作职责，规范"链长制"推进过程中的各项工作，搭建区域产业联盟，加速区域产业集聚发展。同时结合政策导向及实际招商需求，以"补链""强链""延链"为核心思路，按照产业链环节及细分领域，分析潜在招商企业特点，如企业类型、企业能力、企业扩张情况等，确定招商企业的产品内容，从产业关键词、市场发展需求、企业实力、迁址动力等方面多维度构建数据模型。

（三）多轮筛选潜在企业表单，专业研判拟合作的企业

从大数据智慧筛选、智能 AI 筛选、专业团队筛选等多轮筛选出潜在企业表单，并通过多方深度研判确定拟合作企业表单，具体可分为以下四个步骤。

一是大数据智慧筛选出招商企业表单。智慧招商品牌项目依托超过 1.5 亿家的企业数据资源，同时整合全网企业关联数据，基于产业链招商模型，通过大数据智能筛选，高效查询分布在全国各地的优秀企业，初步筛选出招商企业表单。

二是智能 AI 筛选第一轮潜在企业表单。根据大数据智能筛选获取到的企业关键联系人，一键发起 AI 外呼，实时保存通话录音，整理外呼回答记录，导出响应企业，形成第一轮潜在企业表单。

三是专业团队筛选第二轮潜在企业表单。收集整理各产业相关利好政

策，根据 AI 外呼响应企业表单，专业招商团队安排人工复拨响应企业关键联系人，深入挖掘企业信息，确认需求意向。

四是多方深度研判第三轮拟落地企业表单。根据上述表单，研判企业需求特点，对接企业关键联系人，归类整理企业需求，由委托主体协同审查企业信息，形成第三轮拟合作企业表单。

（四）创新招商对接模式，协助推动企业或项目落地

确定好拟合作企业表单后，智慧招商品牌项目团队协助委托方邀约企业，开展走访调研、组织系列招商对接会议等，并在过程中对接国家、省、市、区产业资源，提供区域产业链及载体的招商常态化组织协调服务，与委托方共同推进合作交流、落地谈判等具体企业招商事宜。

（五）搭建多样化可视化平台，推动信息资源共享

智慧招商品牌项目搭建产业智慧招商管理大屏、微信小程序、南海区产业用地供需平台、广佛产业时空大数据平台等多样化、可视化平台，推动资源共享与对接。以产业智慧招商管理大屏与 GRID 天域行小程序为例，产业智慧招商管理大屏是对产业全景、全国产业概览、园区 3D 沙盘等数据进行展示。GRID 天域行小程序紧贴城市更新与产业发展两大核心，创造性开通"智库成果货架"和"供需匹配对接"功能，从内容供给、招商运营、需求互动和会员服务四个层面助力资源对接。

三、项目取得的成效

（一）有效整合不同行业资源，持续激发市场活力

智慧招商品牌项目团队积极联动广东省物流行业协会、广东省商业联合会、广东省电子商务协会、广州市服装服饰行业商会等行业协会的力量，推动资源信息共享与匹配，加速资源集聚，激发市场活力，推动广州市都市工业、跨境电商、皮具服饰等产业的高质量发展。

（二）为政府提供产业发展思路，推动多项产业政策出台

智慧招商品牌项目团队对区域产业发展方向及保障措施进行深入研

究，为政府提供产业发展思路，推动相关产业政策出台。以广州市越秀区为例，已推动《广州市越秀区超高清视频和新型显示产业链高质量发展三年行动计划（2022—2024 年）》《广州市越秀区生命健康产业链高质量发展三年行动计划（2022—2024 年）》《广州市越秀区人工智能、软件和信创产业链高质量发展三年行动计划（2022—2024 年）》等多份产业专项政策出台，为区域打造具有国际竞争力的现代产业体系建言献策。

（三）举办百余场好评度高、影响力大、形式多样的招商活动

智慧招商品牌项目积极协助政企举办百余场招商路演、项目推介活动，如白云 5G+产业发展专业论坛、广州市村级工业园高质量发展项目签约推介会、粤港澳大湾区消费季暨广州第三届直播电商节、以色列资源对接会、新加坡政企交流会等活动。举办的活动得到行业高度好评，并被央广网、央视网、南方新闻网等多家媒体宣传报道。

四、项目的经验启示

（一）坚持政府引导，鼓励社会多元主体联动参与

智慧招商项目坚持政府引导，强化政府在资源对接上的重要作用，同时发挥机构作为品牌社会组织的引领示范作用，积极为企业牵线搭桥，推进双方交流合作。鼓励社会多方主体参与，鼓励龙头企业、高校园区、产业联盟、行业商协会等共同参与，形成财政资金、金融资本、社会资本三方合力支持的格局，利用市场化机制有效缓解财政单一投入支撑不足的困境，整合多元投入协同推进，统筹广州市内外产业链资源，确保供应链、采购链、生产链良性运作。

（二）要巧用数字化技术，创新智慧招商模式

智慧招商项目依托大数据与人工智能技术，重点聚焦区域内经营与注册地不一致的企业名单，区域产业链"补链""强链""延链"等重点环节名单，其他区域有投融资需求、市场需求、增资扩产、研发需求等迁址需求的企业名单等，精准描绘企业"画像"。针对潜在客户，通过活动组

织、项目路演，搭建供需之间的联系桥梁，了解企业对政策、人才等发展诉求，针对诉求积极推动相关政策出台，促成企业落地，实现线上精准对接，线下高效触及，系统性解决招商难点。

（三）要善于搭建线上线下供需对接平台，畅通企业信息与资源

广州市现代城市更新产业发展中心积极搭建线上线下产业链供需对接平台，线上平台包括网页及手机端系统，提供项目研判、评估测算、重点行业断点堵点需求信息采集、发布和管理服务以及在线展会和电子订货服务。线下积极开展各种路演和资源对接会，推动行业及企业之间的互相合作。通过线上信息采集、线下精准对接，畅通企业之间的供需信息，协调解决合作中的问题，助力政企完成招商对接和资源转化。

附：

机 构 概 况

广州市现代城市更新产业发展中心是粤港澳大湾区城市更新领域首家实战型资源型 5A 级、品牌社会组织及产业发展协同平台，简称 GRID，拥有专家委员会、产业联盟和专业技术咨询团队。中心坚持党建引领，围绕城市更新产业发展，创新服务品牌，善于研究谋划，长于招商导入，勇于联动政企，敢于统筹推动，资源资本结合，提供研究谋划推动一体化的全流程解决方案和实践经验，重点打造"大城小见""产策智谋""城更咨询""智慧招商"四大品牌服务，推动大量城市更新和产业发展项目落地。GRID 致力城市更新，助力产业升级，踔厉打造"中国式特色智库"，为白云区及广州市乃至大湾区高质量发展作贡献，让城市更新更美好。

地中海贫血援助与预防宣传品牌项目

广州基督教青年会

一、项目实施背景

地中海贫血又称海洋性贫血，在地中海、东南亚等地区多见，是一组严重威胁人类健康的致死、致残的遗传性血液病。我国重型和中间型地中海贫血患者主要集中在长江以南的福建、江西、湖南、广东、广西、海南、重庆、四川、贵州、云南等省（自治区、直辖市），尤以两广地区最为严重①。根据相关研究，地中海贫血可通过婚检、孕检等预防工作，以及联合救助等方式得到有效控制。基于此，广州基督教青年会联合广东省地中海贫血防治协会发起了地中海贫血援助与预防宣传项目，为地中海贫血患者与家庭提供治疗帮扶、构建支持网络，并通过政策倡导、预防宣传等开展形式多样的服务。

二、项目实践模式

（一）开展治疗帮扶，缓解地中海贫血患者家庭经济压力

广州基督教青年会于 2008 年 5 月发起"关注地中海贫血，让爱在血液中流动"主题活动，邀请中华骨髓库广东省管理中心负责现场的血液捐赠

---

① 《我国首部〈中国地中海贫血蓝皮书〉发布》，公益时报网，2016 年 3 月 2 日，http：//www.gongyishibao.com/html/xinwen/9399.html。

环节，动员 430 名会员义工和社会人士参与献血。后续，通过举办大型地中海贫血宣传活动，现场设置献血区，发起献血倡议，开展献血活动。此外，广州基督教青年会链接企业和基金会资源，以爱心义卖、慈善音乐会等方式筹款，支持地中海贫血儿童进行输血和排铁治疗。2009—2018 年，共接受捐款 1309850.24 元，支持广州基督教青年会为 2000 余人次的地中海贫血儿童提供服务。其中，2013 年，中国扶贫基金会向广州基督教青年会捐款 50.8 万元，30.8 万元用于某名地中海贫血患者治疗，20 万元用于开展地中海贫血防治知识宣传、地中海贫血患者日常治疗帮扶等。2014 年，获北京天使妈妈基金会资助 116.5 万元，其中，16.5 万元支持"托起地贫线"项目开展，100 万元用于救助地中海贫血患儿。通过整合多方资源，为地中海贫血患者与家庭开展治疗帮扶，使地中海贫血患儿得到及时有效救助，减轻地中海贫血患者家庭经济压力。

（二）积极开展政策倡导，完善地中海贫血医疗保障体系

地中海贫血医疗费用对患者家庭来说都是沉重的负担，如果没有相关的医疗保障支撑，地中海贫血患者家庭难以获得有效治疗。广州基督教青年会积极开展地中海贫血患者走访调研，2009 年，形成《关于将地中海贫血纳入基本医疗保险"门诊特定项目"的建议》提案，并提交广州市政协十一届三次会议。提案建议广州参照其他城市，将地中海贫血纳入基本医疗保险"门诊特定项目"，提高患儿获得治疗的机会。该建议引起广州市劳动和社会保障局的重视，并获得专函答复。2010 年 8 月，提案被采纳实施，重型 β 地中海贫血门诊治疗正式被纳入全市医保门诊特定项目范围，每人每月最高可获得 3000 元报销额。这项政策的出台，改变了患者家庭因经济困难放弃治疗的情况，进一步完善了地中海贫血儿童及家庭的医疗保障体系。

（三）建立支持互助网络，提升地中海贫血患者家庭生活质量

广州基督教青年会积极构建地中海贫血患者与家庭支持网络。一方面，组建关爱地中海贫血患者义工小组，为义工开展通识培训、服务技能培训与地中海贫血知识专题培训，使义工具备专业服务、策划、管理等多种技能，为地中海贫血儿童提供兴趣教学、举办生日会、日常探访、郊游参观等服务，为地中海贫血儿童提供成长支持；另一方面，广州基督教青年会联合南方医院举办地中海贫血患者家长联谊活动，为700多户地中海贫血患者家庭提供互助交流的平台，引导地中海贫血患者家庭相互分享经验，促进地中海贫血患者家庭相互支持。2009年，成立广州地中海贫血患者家长会，旨在建立地中海贫血患者家庭支持网络，帮助地中海贫血患者家庭实现自助、互助。至此，广州基督教青年会每年定期举办地中海贫血患者家庭亲子活动，充分挖掘地中海贫血患者家长潜能，部分家长经过广州基督教青年会引导与培训，成为地中海贫血防治知识的宣讲员，积极帮助其他困难地中海贫血患者家庭。

（四）开展地中海贫血知识宣传活动，增强公众对地中海贫血的预防意识

广州基督教青年会围绕项目目标，根据不同阶段的重点工作，系统开展地中海贫血防治知识的宣传普及活动。结合"国际地贫日"，发起主题宣传活动，号召实体商铺设置地中海贫血宣传站，向全社会普及地中海贫血知识，提高社会对地中海贫血的认知，消除对地中海贫血群体的误解和歧视。同时，联动《广州日报》《羊城晚报》《信息时报》《新快报》《南方日报》《南方都市报》、广州电视台、广东广播电视台音乐之声等主流媒体广泛宣传。广州基督教青年会还联动高校、企业，通过策划公益跑、设置游戏摊位、制作趣味性宣传小视频、邀请不同行业优秀代表担任宣传大使、线上直播等方式，传播地中海贫血防治知识，呼吁社会重视婚检、产检、孕检，降低新生儿地中海贫血患病率。广州基督教青年会于2018年创新开展"线上马拉松"活动，广泛传播地中海贫血知识，动员各地爱好跑步的青年，通过公益跑传播地中海贫血预防资讯，该活动辐射到天津、上海、杭州、四川、新加坡、德国纽伦堡等地，有效增强了公众对地中海贫血的预防意识。

三、项目取得的成效

广州基督教青年会地中海贫血援助与预防宣传项目自 2008 年 5 月启动以来，开展的关爱地中海贫血儿童服务活动不胜枚举。其中，连续举办 13 届"关注地贫，携手同行"大型主题宣传活动，参与宣传的志愿者超过 20 万人次，覆盖公众超过 100 万人次，促成 30 家企业及高校建立地中海贫血专项志愿服务队，提高广东地区公众对地中海贫血的认知度。本项目被评为"广州市志愿服务优秀项目"、广东省首届珠江公益节"双千一百"公益项目，2013 年荣登广州市十大慈善项目榜单，2016 年被评为"广州市十大最具影响力慈善项目"。

此外，通过地中海贫血援助与预防宣传项目开展，受助地中海贫血患者家庭实现了自我成长与自我改变。通过开展政策倡导，助力重型 β 地中海贫血门诊治疗被纳入全市医保门诊特定项目范围，大大降低了地中海贫血患者家庭经济负担。此外，通过成立家长互助会，为患病儿童提供成长支持，不少地中海贫血患者家长成功转化为志愿者，开展关爱地中海贫血患者志愿服务。

四、项目的经验启示

（一）坚持政治引领，规范自身建设，夯实品牌发展基础

广州基督教青年会认真响应统战、宗教工作部门的号召，并以市内各宗教团体的先进经验为榜样，通过学习教育、制度建设、环境整治、安全管理及队伍建设等"五个抓手"加强自身规范化建设。根据社会组织治理的规范要求，建立健全了由会员代表大会、理事会、监事会和干事部形成的团体法人治理机制，对标广州市地方标准《品牌社会组织评价指标》，落实各项工作。高度重视加强自身思想政治建设，坚持思想政治建设和社会服务"两手抓"，根据《广州市社会组织党建工作指导

手册》相关指引，建立党建指导员工作机制，由市民族宗教事务局派出党员干部定期指导广州基督教青年会开展党的工作，切实为品牌项目的策划实施提供了保障与支持。

（二）立足机构使命，以专业化建设带动品牌发展

广州基督教青年会以服务社会、造福人群为初心，以社会需求为导向，通过专业化的服务，增强品牌生命力。地中海贫血援助与预防宣传项目初期以关爱服务为主，通过多年实践经验，广州基督教青年会不断优化服务模式，整合多方资源，为地中海贫血患者与家庭提供专业服务。通过专业化的服务获得政府相关部门、受益群体、社会公众的认可，为项目可持续发展引入多元化资源。

（三）发挥机构资源优势，讲好品牌项目故事

基督教青年会是遍布全球 120 个国家和地区的知名社会组织。广州基督教青年会充分发挥基督教青年会资源优势，学习借鉴海外地中海贫血项目经验成果，发起地中海贫血援助与预防宣传项目，积极开展政策倡导、志愿者队伍培育、宣传网络建立、筹款资源链接等重点工作，与医院、高校、企业、社会团体以及社会公众建立合作网络，推动项目规模化发展。同时，借助全国宗教界公益慈善活动经验交流会，分享地中海贫血援助项目的经验，讲好地中海贫血援助与预防宣传项目品牌故事。

附：

机 构 概 况

广州基督教青年会成立于 1909 年，以"团结青年同志，发扬基督精神，培养健全人格，建立美满社会"为使命，对近代广州的体育、卫生、社会福利等事业的发展产生积极影响，特别是在抗日战争时期救危扶困方面贡献突出。1966 年因故停办，1985 年复会履新，1991 年登记为非营利性社会团体。广州基督教青年会在广州市民族宗教事务局的指导下，持守

"非以役人，乃役于人"会训，遵循"服务社会，造福人群"宗旨，现阶段以"青年发展、健康生活、社会责任"为工作主线开展社会服务，实现老城市新活力，促进海内外民心相通。其荣获广东志愿服务集体金奖，获评广州市5A级社会组织、广州市品牌社会组织。

"融爱行" ——特殊需要儿童
随班就读支持计划

广州市扬爱特殊孩子家长俱乐部

一、项目实施背景

国家卫生健康委办公厅于 2022 年下发的《0~6 岁儿童孤独症筛查干预服务规范（试行）》中显示，我国儿童孤独症患病率约为 7‰，且呈现增长趋势。同时，大量实践研究表明，由于孤独症儿童存在严重的社会交往和沟通障碍，其更应该在最少受限制的环境中接受教育。

融合教育诞生于 20 世纪五六十年代，它强调让所有儿童在同样的环境接受教育，为有特殊教育需要的儿童提供相应的支持和服务，旨在促进所有儿童的发展进而推动社会的重组与融合。而在此之前，我国就已经有了本土化的融合教育——随班就读，并于 2006 年被纳入国家教育法律法规。

尽管国家规定普通学校应接纳能够在校学习的特殊需要儿童，但大多普通学校仍拒绝孤独症等特殊需要儿童入校。融合中国心智障碍者家长组织网络项目 2017 年开展的《适龄残障儿童入学状况调研报告》显示，当年申请入学的 2465 名受访者中有 28% 申请失败未能接受义务教育，原因之一是教师由于没有相应的知识储备不知如何开展有效的学校教学。

2002 年，广州推行适龄户籍特殊儿童在地段内的公立普校随班就读，尽管学校接受了融合教育的理念，接收了特殊儿童，但由于没有配备特教老师、没有资源教室等原因，导致随班就读流于形式，直接影响到孤独症等特殊需要儿童的入学以及相关的教育与康复服务。在此背景下，2008 年，广州市扬爱特殊孩子家长俱乐部联合广州市少年宫特教中心共同发起公益服务项目"融爱行——特殊孩子随班就读支持计划"。

二、项目实践模式

2008 年启动"融爱行——特殊孩子随班就读支持计划"以来,广州市扬爱特殊孩子家长俱乐部持续探索总结,形成了较为完整的项目服务模式。

(一) 深入分析特殊儿童教育需求,制订个性化教育计划

"融爱行"项目通过派遣特教助理进驻学校,为参加计划的孩子进行全面评估,充分了解特殊儿童需求。同时,项目组成员组织教育学、心理学、特殊教育等方面的专家,邀请任课教师、特教助理及学生家长,召开教学会议,共同为每个孩子制订个性化教育计划。特殊儿童个性化教育计划一般涵盖三方面的服务。

一是普通课堂支持和帮助,包括课前预习、制作课程或作业精简,设计考试题目等。二是行为与情绪问题解决策略的制定,包括对行为情绪的表现予以分析,总结并提出解决措施,为课堂普通教师提供策略帮助。三是资源班课程设计,包括选择可抽离式和外加式课堂,自编课程设计,提供上课纲要和重点。

(二) 开展赋能培训,提升相关方融合教育支持能力

项目刚启动初期,每个特殊孩子都配有一名特教助理,陪伴孩子一起上课,帮助孩子们适应普通学校的校园生活,并完成相应的学业任务。在此过程中,特教助理定期到越秀启智学校接受专业培训,学习专业技能,不断提升服务能力。

帮助特殊儿童随班就读,融入校园生活,除了需要专业的支持,还需要学校、家庭等多方支持。广州市扬爱特殊孩子家长俱乐部组织面向特殊儿童家长、随班就读支持工作相关老师,开展系列专题培训班,提升学校老师开展融合教育的技能和技巧,促进学校、老师、家长等共同改善融合教育支持系统,提升特殊需要儿童的融合教育质量。

（三）持续迭代优化项目，推动融合教育相关政策制定

项目实施以来，广州市扬爱特殊孩子家长俱乐部持续对"融爱行"项目进行迭代优化，分别从个案、家长、教师、学校、社会五大维度建立支持体系。从2012年起，"融爱行——特殊孩子随班就读支持计划"在广州市教育局持续购买服务支持下得到持续开展和完善。除了为特殊儿童提供个性化服务，广州市扬爱特殊孩子家长俱乐部积极推进融合教育政策制定，改善特殊儿童的社会环境。一方面，借助相关主题倡导日开展公众宣传教育活动，提升社区居民对于特殊孩子及其家庭的接纳态度；另一方面，开展融合教育议题专题研讨或调研活动，形成相关政策建议提交给相关政府部门，促进相关政策出台。

三、项目取得的成效

（一）成功帮助大量特殊儿童顺利入学

项目自发起以来，累计服务超过上千名伴有孤独症、阿斯伯格综合征以及唐氏综合征等障碍的特殊孩子顺利入学随班就读。"融爱行"项目先后获得广州市黄埔区教育局等单位购买服务，先后为白云区京溪小学、白云区同和小学、白云区罗岗村小学、黄埔区香雪小学、黄埔区玉泉学校、开发区第一小学等开展入校支持服务，共服务180多名特殊需要学生。根据服务对象反馈，越来越多的特殊需要学生顺利融入学校，并且成功考上大学。

（二）有效汇聚不同资源，共同推动特殊儿童教育环境改善

"融爱行"项目通过对核心利益相关方开展赋能支持，从理念意识、参与能力、倡导策略层面进行家长赋能培训，把家长从被动的受益人转变为主动的行动者，让特殊孩子家长成为推动融合教育质量改善的主要力量，成为融合教育政策制定和执行过程中的积极参与者和建设者，持续链接包括教育主管部门、学校、教师等多方资源，构建多方合作机制。

（三）项目经验向全国推广，更多地区特殊儿童家庭受益

基于广州"融爱行"项目的经验模式，由广州市扬爱特殊孩子家长俱乐部等17家社会组织发起的融合中国心智障碍者家长组织网络项目平台，从2017年开始，在全国开展了融合教育社会环境及政策倡导工作，每年向全国"两会"提交有关促进融合教育支持体系改善的建议内容。同时，开展"友爱校园行"校园环境塑造活动，开发完成了"友爱校园行工具包"，联合开发师资赋能培训课程，持续提升随班就读师资专业能力，向10个地区推广"幼小衔接暑期增能营"服务，每年帮助超过400名特殊需要儿童提前适应校园环境。

四、项目的经验启示

品牌公益项目是指社会组织开展的具有公益性、标志性的服务项目，是社会组织尤其是公益性社会组织实现可持续发展的重要动力。社会组织建设品牌公益项目，其目的是通过品牌项目的长期创建实施，在某个领域、行业、公众视野中形成自己的特色形象，不断增强社会组织的凝聚力、影响力、公信力。围绕"融爱行"公益项目的发展脉络，总结出三个比较关键的经验，帮助社会组织打造独特的品牌公益项目。

（一）辨识并回应服务对象的真实需求是项目实施的出发点和落脚点

社会组织开展的服务项目涉及社会的方方面面，只有回应真实需求的服务项目，才能经得起各方考验，方能保持持久的生命力。在发起"融爱行"项目之前，广州市扬爱特殊孩子家长俱乐部对特殊儿童随班就读现状进行分析，全面把握特殊儿童真实需求，制订个性化、可行性高的行动计划。在开展过程中，与特殊孩子家长共同推动，积累了丰富的经验，巩固项目服务模式，并将其推广至全国范围。

（二）建立项目社会公信力是获得资源的重要基础

打造具有社会公信力的服务品牌是组织影响公众、争取资金支持和其他社会资源的关键。社会组织的服务品牌只有通过不断的宣传推广，才能让社会认识与了解。"融爱行"项目通过有效的服务模式，在学校、家长中建立起良好的口碑，为项目链接多元化资源奠定基础。例如，成立家长智囊团，使家长参与项目策划与执行的全过程，在此过程中，家长主动为项目提供各类资源，包括媒体合作、企业资源、政府支持、组织发展支持、服务资源、学校支持，以及残障领域的专业资源和其他公益领域的合作。

（三）保持项目的生命力需要持续迭代项目服务模式

在不同的发展阶段，品牌项目要对服务内容进行创新改造，要让项目更能符合服务对象的需求，符合时代发展的背景，进而确保品牌项目的持久竞争力。对于社会组织来说，在品牌建设的不同时期，同样要考量社会的发展现状，并积极地对服务项目进行调整，使执行团队保持生机和活力，并且持续增加公益服务项目品牌的影响力。"融爱行"项目初期聚焦帮助特殊儿童适应普通学校的校园生活，并完成相应的学业任务，因此，初期服务模式主要为每个特殊孩子配备一名特教助理，通过特教助理持续陪伴特殊孩子一起上课。随着国家融合教育政策的不断完善，"融爱行"项目不断升级优化，进一步发挥学校的能动性，把校园、普通学生、特殊需要学生、教师、家长五个重要角色作为抓手，开展系列专题培训班，提升学校老师开展融合教育的技能和技巧，协助学校设立资源教室，推动学校资源教室的常规运营。

附:

机 构 概 况

    广州市扬爱特殊孩子家长俱乐部作为4A级社会组织,是国内首家以特殊孩子家长为主要服务对象的社会服务机构,其创立于1997年5月。自成立以来,"广州扬爱"始终致力于提高特殊孩子及其家庭的生活质量,累计直接服务超过10000个特殊孩子家庭。通过为特殊孩子家庭提供同伴支持、信息咨询、培训教育、个性化支持、社区合作5个方面的服务,赋能特殊孩子的照料者,改善从家庭到社会的支持环境,进而增进特殊孩子及其家庭的福祉改善。此外,机构推动融合中国心智障碍者家长组织项目网络的成立与发展,截至2022年末,通过该网络平台支持超过120个地区的300多个心智障碍者家长互助组织发展,从而服务更多地区的特殊孩子家庭。"广州扬爱"先后被广州市人民政府残疾人工作委员会授予"残疾人之家"、广州市社会组织管理局评选为广州市品牌社会组织,广州市公益慈善联合会和广州市慈善会联合授予年度慈善组织奖,壹基金授予壹基金典范工程奖和透明典范奖。

"绿豆丁爱地球" 环境教育项目案例

广州市绿点公益环保促进会

一、项目实施背景

国家"十四五"规划强调推动绿色发展，坚持"绿水青山就是金山银山"理念，实施可持续发展战略，完善生态文明领域统筹协调机制，构建生态文明体系，推动经济社会发展全面绿色转型，建设美丽中国①。党的二十大报告提出以中国式现代化全面推进中华民族伟大复兴，指出中国式现代化是人与自然和谐共生的现代化。

推进生态文明建设，需要不断提升社会公众的环保意识。广州市绿点公益环保促进会（以下简称绿点）调研发现，大学生参与环保志愿服务渠道不通畅，专业能力不足。同时，调查发现，中小学课程没有持续性的、成体系的生态环境教育内容，小学生接受的环保知识主要通过课外书和课外活动获取。

在此背景下，绿点于 2008 年启动"绿豆丁爱地球"环境教育项目，致力于探索生态环境教育的可持续发展，通过提供持续的、专业的、丰富的生态环境教育课堂与活动，让大学生生态环境教育志愿者影响中小学生，进一步提升青少年的生态环保意识，尤其要提升祖国未来接班人对生

---

① 《中华人民共和国国民经济和社会发展第十四个五年规划和 2035 年远景目标纲要》，中国政府网，2021 年 3 月 13 日，https：//www.gov.cn/xinwen/2021 - 03/13/content_ 5592681. htm。

态环保的认知度和践行度，共同建设美丽中国。

二、项目实践模式

项目通过培养具备环境科学素养、教学技能的大学生环教讲师在校园持续地开展环境教育，让中小学生了解人与环境的关系以及联动学校、家长一起参与环保行动。

（一）搭建项目资源网络，促进项目跨界合作

项目启动至今，已搭建了多方合作资源，推动多方主体参与项目服务，包括珠三角地区近80所高校社团和10000多名环保志愿者。项目还与广州市170所小学以及超过20个社区长期定向合作。通过整合资源，搭建了"政府部门—中小学—高校社团—环保专业机构—公益组织—媒体—基金会"的合作网络，政府、基金会、企业等为项目提供资金支持，高校大学生志愿者是项目的重要践行者，为项目可持续发展提供人力支持，政府部门和专业科研机构为标准化课程体系的构建提供技术支持和质量把控，中小学校合理安排课时，并提供活动场所，为项目顺利开展提供基础保障。通过搭建多方合作网络，共同促进项目落地。

（二）开发科学、系统的教学课程，分类分级培训志愿者

项目针对零基础的志愿者，提供涵盖环保知识、教学技能、课堂管理、团队招募及管理等内容的志愿者培训体系及操作指引支持，让志愿者在自学及简单培训后即可掌握生态环境教育志愿服务内容。针对团队负责人，项目每学年开展为期3天的环教夏令营，进行集中式培训，为团队负责人赋能，并在环教志愿团队践行环教服务时，提供培训和督导支持。

此外，项目通过不断创新，开发和优化教学内容、教学手法以及教学工具等，为各环教志愿团队提供教学支持。通过整合大学教授、环境议题专家和科研机构、政府相关职能部门、环保企业等力量开发教案，针对不同年级学生的学习能力和兴趣方向，对教学方案进行梳理分级，形成了一整套主要针对中小学生的生态环境教育教学方案，共7大主题、39节标准

化课件，包含垃圾分类、水、大气、生物多样性、低碳生活等内容。针对不同议题、不同年龄的学生，设计了多种教学方法，包括戏剧教育、手工制作、游戏体验活动、视频教学、小组主题研学等，让志愿者根据自己的特点选择教学方法。同时，针对不同主题课件和教学方法，配套相应的教学游戏道具工具包，供教师与学生使用，例如水魔方、垃圾分类魔方、听声辨物卡、低碳掀掀乐等标准化工具。

（三）制定全流程管理制度，激发志愿者持续参与动力

项目通过制定志愿者登记注册、课程质量反馈评估、志愿者激励等相关制度，激发环教志愿者的活力。项目通过微信群组对环教志愿者团队进行统一管理，对环教志愿服务数据进行记录和统计。志愿者在系统注册登记后，团队负责人会根据服务安排在系统上发布活动内容，招募参与志愿者，完成活动签到、签退，服务结束后提交相关资料。在每次活动结束后，邀请学校老师填写课堂记录表，反馈授课质量等内容。同时，将课堂记录表反馈给志愿者，使其了解项目服务质量，适时调整相应的教学方法。为激励志愿者持续参与，绿点通过学期的评估、评分和完成情况，评选每学期优秀讲师和团队，授予明星讲师和优秀团队称号。同时，根据志愿者开展环保教育的经验，规划环教志愿发展路线，经过专业的培训和大量的实践经验积累，志愿者讲师发展为优秀讲师、专业讲师。通过规划环保志愿者发展路线，促进志愿者通过志愿服务实现自我价值和社会价值。

三、项目取得的成效

（一）项目覆盖范围广，受益群体服务满意度高

该项目在广州地区的直接受益人群较明显，每年受益的中小学生约5000人，参与环保教育的志愿者约1000人。开展环教课堂及实践活动超500场，项目针对每节课均有旁听老师的反馈评估。总体来说，教师对课程内容和讲师服务满意度达90%以上。此外，绿点开发了10个教学视频，通过网络渠道及学校电教设备播放，生态环境教育覆盖到更多学生和市民

群体，阅读量合计超 10 万人次。根据抽样反馈调查，受众对视频认可度达 95%。

（二）形成标准化教学工具，有效促进项目可复制可推广

在完成"绿豆丁"的商标注册基础上，绿点共开发了 7 大主题、39 课时的标准化课程工具，包括课件（PPT）及配套的学具和教具，例如垃圾分类立体书、魔方、游戏卡等。与出版社合作，出版《绿豆丁历险记》环保漫画图书，增强生态环境教育社会效应。目前，将绿豆丁品牌、项目模式、工具等内容免费分享给广东乃至全国的公益伙伴、学校及个人使用，已复制推广至四川、湖北、陕西、黑龙江、辽宁、甘肃、内蒙古等 10 个省份、16 个城市、18 个村镇、30 个机构。

（三）项目成效数据实现有效转化，助力广东环境教育立法

项目实施以来，绿点坚持动态评估项目执行情况，整理分析相关数据，并将环境教育的数据和评估情况提供给省、市、区各级人大代表和政协委员，持续参与广东省环境教育立法沟通会议，推动立法进程。2023 年 4 月 11 日，绿点参与了在广州市人大常委会召开的"广东省生态环境教育条例立法调研会"，结合"绿豆丁"项目经验与相关数据，提出意见和建议。

四、项目的经验启示

一是建立标准化项目管理工具，有助于推动项目可持续发展。绿点从项目启动之初，从执行流程到教学工具、培训体系、评估体系、合作体系，制定了一套标准化、系统化的管理制度，项目人员、志愿者、合作伙伴均非常清晰、明确项目各个阶段的任务内容，促使各方有序、高效地参与项目。

二是推动项目模式可复制可推广，需要开发高效实用的工具。绿点专门成立产品研发团队，为项目的产品设计和工具开发提供了创新性的产品研发思维。项目通过互联网工具，实现环教志愿服务发起、志愿者招募及

服务过程记录社会化、信息化、数据化功能。通过开发配套的教学工具，降低参与环教志愿服务的门槛，开发了近 40 款环教教学视频、教具和学具等课程产品，具有可视化、标准化和可复制的特点，便于不同能力、不同特质的志愿者开展服务使用。通过开发标准化、高效实用的教学工具，将绿豆丁项目品牌及项目标准化经验推广到更多城市和地区的合作伙伴应用，为环保教育事业贡献广州力量。

附：

机 构 概 况

广州市绿点公益环保促进会于 2003 年发起，2012 年 8 月在广州市民政局正式注册成立，现为广州市品牌社会组织、广州市 5A 级社会组织。绿点持续关注本地环境问题，包括垃圾分类、水资源、空气、海洋保护及生物多样性等。致力于"为公众提供最便捷的环保参与体验"，包括支持环保志愿者亲身参与环境保护公益服务，以及通过环境宣传和教育推动环保公众参与等，为"绿色广州"建言献策、身体力行。机构现有"绿豆丁爱地球环境教育""高校环保社团成长计划""美丽社区环保项目"等品牌项目，合作伙伴覆盖广州市 170 所小学，超 40 个高校社团，生态环境局、水务、城管等政府机关单位，以及巴斯夫、宝洁、安利等多家世界500 强企业。

"五社联动·同心护航"
大石街心理支援服务项目

广州市天河区启智社会工作服务中心

一、项目实施背景

党的二十大报告中明确指出，"推进健康中国建设，要把保障人民健康放在优先发展的战略位置，完善人民健康促进政策"。国务院发布的《"十四五"国民健康规划》明确指出，"完善心理健康和精神卫生服务"①。世界卫生组织 2022 年发布的《世界精神卫生报告：向所有人享有精神卫生服务转型》数据显示，2020 年新冠疫情发生后，抑郁及焦虑性精神疾患激增 25%②。据中国科学院《中国国民心理健康发展报告（2021—2022）》，抽样调查样本的抑郁风险总检出率为 10.6%，焦虑风险总检出率为 15.8%；成年人样本 18~24 岁年龄组的抑郁风险检出率达 24.1%，显著高于其他年龄组；焦虑风险的年龄分段与抑郁类似③。

大石街地处广州市番禺区西北部，现辖区面积 19.34 平方千米，辖 14 个行政村和 6 个社区，户籍人口约 7.6 万，登记流动人员约 26 万，来穗人

---

① 《"十四五"国民健康规划》，中国政府网，2022 年 4 月 27 日，https://www.gov.cn/zhengce/content/2022-05/20/content_ 5691424.htm。
② 世界卫生组织：《世界精神卫生报告：向所有人享有精神卫生服务转型》，2022 年 6 月 16 日，https://www.who.int/china/zh/publications-detail/9789240050860。
③ 傅小兰等.中国国民心理健康发展报告（2021—2022）［M］.北京：社会科学文献出版社，2023.

员是户籍人口的近 4 倍。新冠疫情发生后，大石街心理危机事件增加，社会心理健康服务需求更加突出。2020 年，广州市天河区启智社会工作服务中心接受的心理辅导个案就有 67 个，是疫情之前的 2 倍。在此背景下，广州市天河区启智社会工作服务中心（以下简称启智社工中心）与广州市番禺区大石街平安促进会共同开展"五社联动·同心护航"大石街心理支援服务项目，经两年探索，项目形成三级心理支援服务模式。

二、项目实践模式

启智社工中心充分发挥"五社联动"城市基层社区治理模式优势，坚持党建引领，联动村（居）委会，以社区为载体，以社会工作者为专业支撑，以社区志愿者为重要补充，充分调动社区慈善资源，推动多元主体参与项目，将心理健康服务送到居民家门口，夯实社会心理服务体系。根据服务群体特性，项目确立三级服务模式，分层分类开展危机介入、临界预防、超前预服务。

（一）一级介入模式：联合行动开展危机干预服务

在大石街道党工委及办事处的支持下，启智社工中心推动大石街社工站、大石街综治办、平安促进会、派出所、妇联、应急办、社区卫生服务中心、学校、村（居）委会等，成立心理危机干预工作联合小组，并建立了大石街心理危机干预联合工作机制。

启智社工中心将心理危机干预划分为发现心理危机、心理危机介入、危机后的处理三个阶段。第一阶段为发现心理危机阶段，社区居民、家属、社区治安队、网格员、社工发现社区居民出现过激行为，应即刻报警处理。第二阶段为心理危机介入阶段，社区居民发生过激行为后，派出所值班民警通知社工、妇联、街道应急办或指挥中心，进行现场处理。如果出现轻生行为或受伤情况，将联系家属和拨打 120 送医，社工陪同就医并保障安全。第三阶段为危机后的处理阶段，工作小组召开沟通会议，总结各方工作情况，科学评估是否需要继续多方跟进。

此外，危机干预联合工作机制明确了各方工作职责。其中，社工主要负责心理疏导、资源链接和个案管理；街道综治办、平安促进会主要负责协调工作；"广州街坊·大石龙妈"调解工作室负责开导和劝解；社区医院与社区医生负责心理、精神疾病的初步诊断；妇联和政协委员负责心理关怀和探访慰问；村（居）委会工作人员、治安队和网格员重点负责巡查预警。

（二）二级临界预防：打造心理求助平台，开展心理疏导服务

启智社工中心联动大石社工站，整合李森党代表工作室心灵驿站的心理咨询师资源，打造"111+20+X"心理求助平台，畅通居民心理求助渠道。其中"111"分别指电话求助、网络求助和线下求助三个求助渠道。2020年初，为抗击疫情，李森党代表工作室、启智社工中心党支部公开招募心理服务志愿者，并迅速推出心理服务热线。"20"是指20个村（居）委会，X指派出所、妇联、民政科、综治办、社区医院、学校等多元主体。

心理求助平台运作流程包括接收登记、预约评估、分类处置，社工通过电话求助、网络求助接受求助咨询。根据登记名单，社工预约求助者进行初次评估。根据初次评估的情况，社工进行分类处理，对涉及心理及其他事务性问题的求助者，进行个案管理，由多部门联合开展工作；对涉及一般心理问题的求助者，开展个案服务，由心理支援团队提供心理咨询和个案辅导服务；对涉及重度心理疾病的求助者进行个案转介，由专业的心理医生开展专业的心理治疗和药物治疗；对精神疾病患者的求助进行个案转介，由社区精防医生评估后，联合家属送医，社区进行常规监测。

（三）三级超前预防：开展心理健康倡导服务

在"五社联动"机制下，启智社工中心联动平安促进会、20个村（居）委会、2所学校、4家企业，开展心理服务进村（居）、进企业、进学校宣传活动25场。活动中，志愿者向社区居民宣传普及心理健康知识，引导居民参与心理互动游戏，促进居民对心理健康的关注。

三、项目取得的成效

"五社联动·同心护航"大石街心理支援服务项目，在社工、街道、村（居）委会等各社区主体共同推进下，取得显著成效。

（一）社区危机事件得到有效处理，提高社区居民心理健康水平

基于心理危机联合干预机制，街道相关部门累计向项目团队转介心理危机事件239件，项目团队对其中17名具有轻生行为的居民提供直接介入服务，对31名幸存者提供危机后干预服务。"111+20+X"心理援助平台累计为188人次提供心理疏导和关怀服务，其中96%的服务对象反馈问题得到改善或缓解。在疫情期间，为困难居民、精神障碍居民、管控区域隔离人员提供心理疏导超过400次，有效缓解社区居民的不良情绪，预防心理危机事件的发生。此外，社工联动辖区各村（居）委会、平安促进会、社区慈善资源，培育粤心安大石志愿团，开展心理服务进村（居）、进企业、进学校宣传活动75场，直接影响13260人次；开展心理知识线上宣教77次，直接影响5566人次；开展社区及学校心理知识科普讲座、团辅体验13场，直接受益2136人次。通过多元化的心理服务，提升了居民的心理健康水平，使居民了解大石街心理服务资源和心理求助渠道。

（二）项目参与主体不断多元化，心理健康问题得到越来越多的关注

项目启动之初，启智社工中心成立心理危机干预工作联合小组，建立了大石街心理危机干预联合工作机制，有效整合多方资源。随着项目的深入实施和广泛宣传，吸引辖区学校、企业、社区社会组织、志愿服务队、医护人员等多元主体关注项目，为项目链接更多资源，推动社会关注心理健康问题。

（三）项目获得广泛关注，社会影响力持续扩大

项目实施以来，获得新华网、新浪新闻等媒体的关注与报道，阅览量高达100万次。为进一步扩大项目影响力，启智社工中心团队及时总结项

目服务模式与经验，撰写的《后疫情时代下的社会心理三级支援服务体系构建——以广州市大石街"五社联动·同心护航"心理支援服务项目为例》入选 2022 全国社会工作专业服务案例，并获得广东省亲青家园青年社会组织培育发展中心举办的第二届青年社会组织参与社会治理案例二等奖，项目服务模式与经验获得行业与社会认可。

四、项目的经验启示

（一）注重发挥党建引领作用

本项目是在街道党工委的指导下，完成项目立项与落地的。街道党工委充分发挥党组织统筹协调的作用，引导多方力量和资源，推动构建"党员+社工+志愿者"服务模式，形成了社区党支部与社会组织、社区组织、社区企业有效衔接，充分发挥各主体优势与资源，共同推进项目顺利开展。

（二）社会工作的专业性需要在有效服务中体现

目前，我国专业社会心理服务主要包括精神与心理卫生医疗服务、心理咨询服务以及社会工作服务。社会工作者通过提供个案辅导及个案管理服务，不仅关注个体改变，还关注个体所在的环境及个体与环境的互动。此外，通过提供关系协调、资源链接、社会适应及融入等服务，有效解决服务对象问题。社会工作在社会服务中的专业性得到政府相关部门的更大重视。

（三）心理健康服务需要多方专业力量介入

心理健康问题具有复杂性、长期性、差异性等特征，开展心理健康服务单靠某一方的力量，难以取得显著成效。本项目通过建立联合工作机制，引入民警、教师、医生、心理咨询师、村（居）委会等多方专业力量合作介入，为心理危机事件的处理带来多方资源与多元视角。通过资源整合、跨部门及跨专业合作，有效解决社区居民心理健康问题，为社区居民搭建起心理支援服务枢纽。

附：

机 构 概 况

　　广州市天河区启智社会工作服务中心于 2012 年成立，2018 年获评 5A 级社会组织，2021 年被评为广州市品牌社会组织。启智社工中心前身是广州青年志愿者协会启智服务总队，登记在册志愿者超过 10 万人。启智社工中心注重专业品质与服务质量，近 5 年来，承接运营的社工站项目服务评估优良率达 100%。启智社工中心承接的青年地带大石站连续 4 年末期评估获优秀，并被评为省级"青少年维权岗"。此外，启智曾获"全国最佳志愿服务组织""广东省志愿服务金奖""广州市最佳志愿服务组织"等荣誉称号。

"正午暖阳"困境妇女关爱品牌项目

广州市番禺区正阳社会工作服务中心

一、项目实施背景

2019 年底，广州市番禺区正阳社会工作服务中心（以下简称广州正阳社工）对广州市番禺区石壁街、钟村街、东环街、小谷围街的困境妇女开展调研工作，调研结果显示，困境妇女在经济、夫妻关系、亲子管教、心理情绪等方面存在巨大压力，需要一定的服务支持。具体表现为：第一，困境妇女群体的生存现状集中表现为经济窘迫、谋生能力弱、社会地位低。第二，大部分村（居）困境妇女主要承担家庭照顾角色，价值感普遍较低。第三，由于学历、经济条件等原因限制，在亲子管教方面存在压力。第四，困境妇女社会支持网络相对薄弱，缺乏情感支持。

结合"帮困匡弱"的服务使命和困境妇女的服务需求，广州正阳社工于 2020 年发起了"正午暖阳——困境妇女关爱项目"，通过运用社会工作专业服务方法，为困境妇女链接社会资源，从个人、家庭、社会三个层面促进困境妇女的成长与发展。2022 年 1 月，该项目被评为广州社工服务品牌项目。

二、项目实践模式

（一）运用生态系统理论，多维度介入困境妇女问题

社会生态系统理论是用以考察人类行为与社会环境交叉关系的理论。

该理论把人类成长生存于其中的社会环境，如家庭、机构、团体、社区等，看作是一种社会性的生态系统，强调生态系统对于分析和理解人类行为的重要性。社会生态系统分为微观系统、中观系统、宏观系统①。

广州正阳社工运用生态系统理论，多维度介入社区妇女问题。在微观个人层面，通过个案辅导、探访、培训、讲座等方式，开展心理疏导以及创业技能培训服务，帮助困境妇女缓解压力及提升就业技能；在中观层面，通过整合社区资源，举办美食培训班、手工艺品培训班、结对关爱出游等活动，促进困境妇女群体之间、困境妇女群体与社区其他组织之间的互动，增强困境妇女支持网络；在宏观层面，通过开展社区倡导活动，营造关爱困境妇女的社区氛围。

（二）采用"社工师+心理咨询师"联动模式，促进困境妇女心理健康

项目由社工师与心理咨询师协同开展，运用专业的心理测评工具，综合评估困境妇女的心理健康状况，根据评估结果筛选出一般心理问题、严重心理问题及有心理障碍的三类服务对象。针对不同类型的服务对象，采取不同的服务策略。对有严重心理问题的服务对象，由专业的心理咨询师提供个人与团体心理咨询服务，逐步缓解困境妇女的焦虑，协助其建立对生活的信心，使其获得朋辈支持和尊重。对有一般心理问题的服务对象，由社工提供个案服务、小组活动以及社区服务，在服务中协助妇女群体发挥潜能，解决因婚恋关系、亲子关系、工作压力等带来的困境。此外，结合女性群体产后抑郁的问题，在社区中倡导关注产后抑郁症，促使妇女群体和家人正确认识产后抑郁，了解如何在生育期调整身心、有效疏导与识别产后抑郁症的风险因素，减少处于孕期各阶段妇女群体心理问题的产生，协助社区做好提前预防与及时干预的工作。

---

① 师海玲，范燕宁．社会生态系统理论阐释下的人类行为与社会环境——2004年查尔斯·扎斯特罗关于人类行为与社会环境的新探讨［J］．首都师范大学学报（社会科学版），2005（4）：94-97.

（三）整合属地资源，共建困境妇女支持网络

"正午暖阳——困境妇女关爱项目"获得番禺区妇联"妇女献爱心"互助活动帮扶专项公益创投项目资金的支持。项目以石壁街社工服务站为阵地，覆盖番禺区石壁街、钟村街、东环街及小谷围街，依托4个街道的"舒心驿站"，联动区妇联、村（居）委会、心理咨询师、社会组织、社区志愿者、企业等多方主体共同参与，为困境妇女提供经济物质援助、自我能力提升、亲子关系促进、心理情绪舒缓等支持性服务，为困境妇女搭建支持网络。此外，广州正阳社工定期在社区组织开展倡导活动，助力营造尊重女性、关爱女性的社会氛围，促进妇女平等就业。

三、项目取得的成效

（一）成功撬动多方资源，推动项目可持续发展

"正午暖阳"困境妇女关爱品牌项目已持续开展4年，为推动项目可持续发展，广州正阳社工积极链接多方资源。一方面，整合区妇联专项公益创投资金及社区合作方资源，为250人次的困境妇女家庭进行精准帮扶。其中，共链接番禺区妇联27万元资金开展项目。另一方面，链接番禺区企业、社会组织资源，与广州市番禺区化妆师协会、广州市盛妆文化传播有限公司达成关于困境妇女就业支持指导的合作协议。广州市番禺区化妆师协会定期提供就业创业指导服务。广州市盛妆文化传播有限公司搭建线上售卖平台，推动线上手工产品售卖，售卖所得收益将用于帮扶困境妇女，促进项目可持续运行。

（二）推动建立了多元主体协同机制，精准施策支持困境妇女成长发展

基于社会生态系统理论分析框架，困境妇女的问题应从微观系统、中观系统、宏观系统综合考虑。因此，广州正阳社工联动街道妇联、心理咨询师、律师、村（居）委会等辖区多元主体共同建立助力困境妇女协作机制，明确各方服务方向。由专业心理咨询师开展困境妇女心理情绪缓解服

务；链接专业律师资源，为困境妇女提供法律咨询；街道妇联及村（居）委会为困境妇女提供探访等关爱服务；社工为困境妇女提供就业技能辅导服务。通过建立多元主体协同机制，有效发挥各主体优势，为困境妇女成长发展提供了更加系统化的支持。

（三）传播关爱理念，营造关爱困境妇女的社区氛围

一方面，项目通过开展系列关爱困境妇女的社区倡导活动，提升了社区居民对困境妇女群体的关注，为困境妇女搭建了良好的社区支持网络；另一方面，项目相关服务获得《人民日报》、《南方都市报》、《番禺日报》、番禺融媒等报道，阅读与点击量超过 10000 人次。通过线上线下的宣传与倡导，传播关爱困境妇女理念，加强公众对困境妇女群体的关注，营造了关爱困境妇女的良好社区氛围。

四、项目的经验启示

（一）注重整合多方资源，打造服务阵地

在推进项目发展过程中，广州正阳社工以石壁街社工服务站为中心，服务辐射番禺区石壁街、钟村街、东环街及小谷围街，依托 4 个街道的"舒心驿站"，根据困境妇女的需求与项目开展要求，设置了不同功能的服务阵地，包括舒心驿站、小组室和多功能室等，并将活动中的妇女手工作品用于阵地布置。此外，协调了社区志愿者资源，由社工与社区志愿者轮流值班，负责阵地日常管理，为开展困境妇女社区服务提供阵地。

（二）困境妇女需求的多元化，需要建立多元主体协同机制解决问题

项目执行过程中，社工发现困境妇女的问题及需求呈现复杂化与多元化特征，困境妇女面临来自职场、婚姻、经济等多方面压力。针对困境妇女多元化的服务需求，广州正阳社工建立多元主体协同机制解决问题。第一，联动广州市番禺区化妆师协会、广州市盛妆文化传播有限公司达成关于困境妇女就业支持指导的合作，为困境妇女开展就业技能服务，搭建线

上售卖平台，帮助困境妇女增加收入，缓解困境妇女经济压力。第二，链接心理咨询师、律师资源，为困境妇女开展夫妻关系调和、心理调适等个案服务。第三，联动街道妇联、村（居）委会等在社区开展倡导活动，有效发挥各主体优势。

（三）注重结合番禺区基层治理创新优势，提炼本土品牌

项目社工积极结合番禺地域文化特色，聚焦本地妇女群体最迫切需求，深化服务的内容和形式。在服务过程中，结合番禺区"五社联动"社区治理模式开展服务，积极发挥社会工作者、社会组织、社区志愿者、社会慈善资源在助力社区困难群体中的作用，精准帮扶社区困境妇女。服务过程中注重壮大各主体力量并发挥各自功能。以社区为本，社会工作者及心理咨询师为专业支撑，积极调动社区志愿者和社区企业提供人力、物力、资金资源的支持，联合村（居）委会、社区社会组织等多方力量协同介入，探索出"1+2"困境妇女心理健康介入模式，即1个资源平台、社工师与心理咨询师两种专业力量的协同介入模式，挖掘个人、家庭、社区多层面潜能，助力社区困境妇女增能解困，打造符合番禺区地域特点的困境妇女品牌服务项目。

附：

机 构 概 况

广州市番禺区正阳社会工作服务中心成立于 2011 年 11 月 29 日，员工 139 人，35 岁以下青年占 77%，是一支年轻化、专业化、服务群体多元化的社工队伍。曾获广州市 5A 级社会组织、广州市品牌社会组织、2019 年百强社会服务机构、广东青年五四奖章、中国社工联合会社会工作实务实习实训基地、广州青少年事务社会工作专业人才实训基地、青年文明号等荣誉。

XMA "职·造未来" 就业巴士计划

广州市心明爱社会工作服务中心

一、项目实施背景

就业是最大的民生，居"六稳"和"六保"之首。2020 年，受新冠疫情影响，经济发展受到较大冲击，企业用工需求减少，就业结构性矛盾突出，就业工作压力大。广州市委、市政府高度重视就业工作，出台了一系列"稳就业""保居民就业"政策措施。广州市心明爱社会工作服务中心积极响应相关政策号召，推出 XMA "职·造未来"就业巴士计划，聚焦残疾人、失业者、失业登记人员、大学毕业生等就业困难的人群，提供政策解读、职业规划、职业技能培训、就业岗位推荐、岗位适应等服务。

二、项目实践模式

XMA "职·造未来"就业巴士计划面对有求职需求的人士，通过专业理论、专业团队、专业工具为求职人士提供职业特征分析、职业能力培训、职业岗位适应等服务，为就职人士的人生创造无限可能。"X"代表未知，也代表无限的可能性；"M"为 Match，根据每名求职者的需求与技能，精准匹配相应职位；"A"为 Awake，旨在激发求职者潜能。XMA "职·造未来"就业巴士计划对应不同的人群需求，分为职业康复、职业发展、就业适应三个服务模块。

（一）职业康复：整合多元资源，打造特殊群体职业发展平台

职业康复主要面向精神康复人群、残疾人为主的特殊群体，心明爱通过整合护理站、护理医院、公益超市等自有企业资源及餐饮公司、保洁企业等外部资源，为特殊群体提供就业知识培训、岗位训练等服务，推动特殊群体通过参与就业回归社会。

广州市心明爱社会工作服务中心自 2021 年以来，陆续在海珠区、花都区运营公益超市，目前已经与华润万家、胜佳超市等企业建立了合作关系，由这些企业低偿提供货源在公益超市进行售卖。社工依托公益超市平台，为服务对象提供就业培训和推荐就业服务。

一方面，社工对服务对象进行基本的就业技能培训，包括面试技巧、人际沟通、客服岗位沟通技巧、办公软件使用等方面培训，使其掌握基本的就业技能。之后，由社工推荐到公益超市进行职业实习。职业实习岗位包括公益超市管理员、销售员、收银员、理货员，公益超市网上管理员、线上客服、配送员等岗位。服务对象在见习期间可以进行岗位轮换，体验不同的岗位工作，锻炼职业能力，以便更好地适应职场环境。对职业适应优秀的服务对象，在公益超市有岗位空缺时，机构也会优先进行聘用。

另一方面，心明爱社会工作服务中心在多元艺术治疗导师、广州市少年宫特教部、广州美术学院城市学院等专业团队的指导下，开展多元艺术治疗服务，建立了集治疗、康复于一体的新型艺术职业康复模式。在多元艺术治疗导师的带领下，社工根据康复者真实故事改编成剧本，邀请康复者共同参与排练，完成"好想爱这个世界"戏剧公演，激发服务对象潜能。同时，联动广州市少年宫、广州美术学院城市学院、社区党员志愿团队等单位，完成康复者艺术展览系列活动，共展出近 100 件艺术品，通过艺术展览，引导社会各界关注特殊群体，为特殊群体积极融入社会提供良好的社会环境。

（二）职业发展：聚焦求职者特质与技能，促进人岗精准匹配

职业发展板块主要服务人群为普通居民及青少年，着力于挖掘服务对象潜能，结合求职者能力特质、资源特质，以特色技能提升、职业生涯规划为服务，提升其就业能力，破解"有岗无人"和"有人无岗"结构性就业矛盾。根据居民的需要和劳动力市场的需求，心明爱社工提供"菜单"式培训，增强培训的针对性。

根据居民需求，心明爱社工相继开展了各类主题的就业实训小组、工作坊，如农产品食品快检员进阶培训小组、中级育婴师技能培训班、"奇幻魔术新征程，赋能就业出实绩"就业实训小组、全职妈妈再就业互助小组、养老护理就业能力培训班等。在就业实训小组的后期，社工积极链接企业资源，邀请企业到小组中进行现场招聘，介绍岗位工作内容、薪酬待遇、任职要求等，帮助小组成员在参加实训后获得就业机会。

（三）就业适应：根据服务对象需求特征，制订个性化服务方案

就业适应板块的服务人群为社戒社康人员、社矫人员、失业登记人员等。心明爱社工针对不同人员的岗位需求链接了相应的培训资源、企业资源，进行就业岗位推荐。心明爱社工根据每个服务对象的需求特征，制订个性化的职业服务方案，解决就业能力不足、无就业方向等问题。社工积极开展求职者需求和岗位需求摸查。一方面，充分了解社戒社康人员、社矫人员、失业登记人员等重点群体的情况，细分不同类型求职的需求，建档立卡，提供有针对性的就业服务；另一方面，开展岗位需求摸查，形成岗位需求库。基于求职者和企业岗位需求，通过举办招聘会、政策宣讲会等活动，走访企业、一对一洽谈等方式引导爱心企业加入"企业百子柜"，为社戒社康人员、社矫人员、失业登记人员等人群提供全职、灵活就业岗位，形成岗位资源库。

此外，社工根据企业资源优势制定个性化的合作模式，为不同需求的服务群体定向提供岗位资源、技能培训或就业对接等，提高岗位匹配成功率。通过社戒社康人员、社矫人员、失业登记人员线上线下岗位资源共享活动，激发求职者就业的积极性和主动性。

三、项目取得的成效

XMA"职·造未来"就业巴士计划自发起以来，在心明爱社工的组织下，通过不断的实践和探索，取得了一系列的成效。

（一）提高求职者职业技能，帮助其实现就业

XMA "职·造未来"就业巴士计划为就业困难的人群提供了就业服务，提升其就业能力和技能水平，帮助求职者获得就业岗位，实现了自我价值的提升和社会融入。2021年以来，项目共计为有就业培训需求的人员提供政策宣传、岗位匹配、职业指导、职业规划、心理辅导等个案服务47792人次，共推荐岗位48192个，成功就业人数超过2000人。其中，面向失业"宝妈"，心明爱社工开展了全职妈妈再就业互助小组与就业实训小组，帮助"宝妈"纾解心理压力，厘清求职方向，再通过情景模拟、角色扮演等方式传授求职面试技巧，帮助其提升求职信心与动力。小组结束后，共有6名组员成功就业。

（二）有效盘活各方资源，建立岗位资源库

心明爱社工通过举办招聘会、政策宣讲会等活动，走访企业、一对一洽谈等方式吸纳爱心企业加入"企业百子柜"，为就业困难人员提供全职、灵活就业岗位，形成岗位资源库。目前，"企业百子柜"吸纳了企业、培训学校、社会组织、事业单位等合作单位248家。此外，与38家企业签订合作协议，涵盖人力资源、服务销售行业、家政服务行业、教育行业、物流行业、物管行业等，有效拓展了失业人员的就业渠道。

（三）与多家单位达成合作，提供专业化技能培训

心明爱社工积极与职业技能培训学校联系，沟通服务合作，共与14家职业技能培训学校达成了服务合作意向并签订了服务合作协议，开展了中级保育师、中级育婴员、美妆培训、农产品食品快检员以及保安员上岗等不同类型的培训。无论是从知识层面还是从技能、能力层面，对失业人员来说在未来的再就业过程中都有了一定程度的促进作用。

社工通过链接广东省南华珠宝培训学院资源，为辖区14名失业人员开展了一期主题为"呵护爱　守护健康幼儿成长"的中级保育员培训课程。参加培训的失业人员多数为需要照顾家庭的宝妈群体，希望通过参加职业技能培训，提升她们的再就业竞争力。授课老师主要围绕婴幼儿生理、卫

生保健、心理等基础知识进行讲解，帮助学员增强对理论知识的理解分析，着重让学员熟记关于婴幼儿的健康安全知识，保护婴幼儿健康饮食安全，守护婴幼儿健康成长。

通过前期的培训学习和实操，共有 13 名参与者通过中级保育师的考试，顺利拿到职业技能等级证书，这为她们后续的求职提供了保障。

四、项目的经验启示

（一）促进项目价值最大化需要精准定位目标人群

在开展品牌项目之前，必须明确项目的目标和定位。XMA "职·造未来"就业巴士计划通过为就业困难人群提供就业服务，帮助他们提升就业能力和技能水平，从而找到一份满意的工作。该项目的定位是服务于就业困难人群，旨在帮助他们实现就业和提高生活质量。通过明确项目目标和定位，有助于更好地推动项目的开展和提升项目的影响力。

（二）注重项目宣传推广

品牌项目的打造需要注重宣传和推广。心明爱社工针对 XMA "职·造未来"就业巴士计划的定位，设计出小珠、小业、小爱三个动漫形象。其中，小珠代表就业政策咨询及指引的业务形象，小业代表关于创业指导方面的业务形象，小爱代表心明爱社工的形象，以"爱"字寓意社工服务的爱心、暖心和用心。三个动漫形象具有特色鲜明、高辨识度的特点，有助于促进项目宣传和推广。同时，项目注重运用各种媒体平台进行宣传和推广，提高项目的知名度和影响力。

（三）注重撬动多元资源

品牌项目的打造需要多方力量支持。XMA "职·造未来"就业巴士计划通过企业岗位资源、培训资源、志愿资源三类资源的整合运用，积极与社会公益组织、企业和社会组织合作，获得了社会资源和多方力量的支持。通过合作，拓宽了项目的资金来源渠道，推动了项目可持续发展。

附：

机 构 概 况

　　广州市心明爱社会工作服务中心成立于 2011 年 7 月，是具有独立法人资格的民办非企业社工机构，于 2019 年获评 5A 级社会组织，2023 年获评广州市品牌社会组织。自 2014 年开始，心明爱除了扎根广州地区外，还与贵州瓮安县、贵州福泉市、广东佛山市、中山市、湛江市等多地政府及社工机构建立了合作关系，为多地机构提供专业指导服务。

第四部分 / 年度热点
DISIBUFEN
NIANDUREDIAN

广州打造粤港澳大湾区（南沙）
社会组织合作创新基地

陈　欢*

摘要： 2022 年 12 月 19 日，粤港澳大湾区（南沙）社会组织合作创新基地正式揭牌启用。基地设立在南沙区"创享湾"青创基地，由广东省民政厅、珠三角九市民政局和南沙区民政局三级合作共建，致力打造首个立足湾区、协同港澳、面向世界的综合性、开放式社会组织高质量合作交流平台。本文着重阐述了基地建设的政策背景及必要性、基地的定位及功能设计、基地未来发展展望。

关键词： 粤港澳大湾区　社会组织　协同合作　南沙区

一、基地建设的政策背景及必要性

粤港澳大湾区是我国开放程度最高、经济活力最强的区域之一。2022年，粤港澳大湾区经济总量超 13 万亿元人民币①。粤港澳大湾区建设是习近平总书记亲自谋划、亲自部署、亲自推动的重大国家战略。2019 年 2月，中共中央、国务院印发《粤港澳大湾区发展规划纲要》，开启了全面推进粤港澳大湾区建设的新篇章。

---

* 陈欢，广州社会组织研究院研究人员。
① 《粤港澳大湾区经济总量突破 13 万亿元人民币》，中国政府网，2023 年 3 月 22日，https：//www.gov.cn/xinwen/2023-03/22/content_ 5747768.htm。

（一）粤港澳大湾区社会组织合作发展的政策环境

国家"十四五"规划提出，要高质量建设粤港澳大湾区，深化粤港澳合作，推进深圳前海、珠海横琴、广州南沙等粤港澳重大合作平台建设。社会组织是助力粤港澳大湾区建设的重要力量。近年来，在民政部、广东省及各地市制定的社会组织发展相关规划中，均积极鼓励粤港澳大湾区社会组织加强合作，为社会组织的参与和发展提供了良好的政策保障。

在民政部印发的《"十四五"社会组织发展规划》中，特别提出支持区域性和省级社会组织重点围绕粤港澳大湾区建设等区域发展战略提供有针对性的服务。《广东省民政事业发展"十四五"规划（2021—2025年）》鼓励社会组织积极服务粤港澳大湾区建设。在中共广东省委办公厅、广东省人民政府办公厅印发的《关于改革社会组织管理制度促进社会组织健康有序发展的实施意见》中，明确提出"支持社会组织依托地缘优势，加强粤港澳社会组织合作"。《广州市社会组织发展"十四五"规划（2021—2025年）》支持广州市社会组织与大湾区其他城市社会组织积极互动，并明确要求充分发挥广州市社会组织的地缘优势，推进粤港澳大湾区社会组织协同发展。

（二）南沙打造粤港澳大湾区社会组织合作平台的必要性

广州市南沙区地处粤港澳大湾区地理几何中心，区位优势独特。近年来，南沙区从国家级新区、自贸试验区，再到粤港澳全面合作示范区，在国家战略大局中的地位不断提升。2022年6月，国务院印发《广州南沙深化面向世界的粤港澳全面合作总体方案》，赋予南沙新定位、新任务，推动南沙打造立足湾区、协同港澳、面向世界的重大战略性平台。

推动粤港澳大湾区社会组织协同发展，需要找到强有力的工作抓手。促进大湾区社会组织交流交往、搭建大湾区社会组织合作创新平台，是南沙区打造粤港澳全面合作示范区的重要举措，将推动大湾区合作迈向更深层次、更高水平。在南沙区设立粤港澳大湾区社会组织合作创新基地，打造集交流、展示、培育、服务、研究于一体的社会组织高质量发展平台，有利于进一步发挥南沙区的区域辐射带动作用，整合大湾区社会组织领域专业优质资源，促进大湾区社会组织间的优势互补、资源共享，更好地发挥社会组织在促进经济发展、繁荣社会事业、创新社会治理、扩大对外交往等方面的积极作用。

二、基地定位及功能设计

基地秉承"区域合作、开放融合、创新共享"的核心理念，其根本使命是打造粤港澳大湾区社会组织国际化、专业化交流合作平台。基地建设的工作思路是链接和整合资源，促进大湾区社会组织领域的人才、资金、信息、技术等各类资源要素充分流动。

（一）引进专业资源为基地提供多元支持

基地设置顾问委员会、专家委员会、战略合作伙伴委员会三大委员会，持续聘任知名学者、专业人士和大湾区社会组织领域实务专家作为顾问委员、专家委员，不断扩展社会组织、企业和媒体等多元资源，达成战略合作伙伴关系，推进多方共建，激发基地创新活力。其中，顾问委员会为基地提供"战略咨询"支持，对基地的发展战略规划等进行指导；专家委员会则为基地提供"学术支持"，为基地在推动科技创新产业合作、青年创业就业合作、高水平对外开放、规则衔接机制对接和高质量城市发展等方面提供专业咨询意见和建议；战略合作伙伴委员会为基地提供"资源链接"支持，不定期与基地交流发展动态、进行宣传互动、开展项目或活动合作，实现信息互通、资源共享、协同发展。

（二）围绕五大平台建设设置六大功能板块

围绕粤港澳大湾区社会组织传播展示平台、社会组织交流合作平台、社会组织培育发展平台、社会组织项目对接平台、社会组织智库研究平台五大平台的定位，基地设置传播展示、交流合作、培育发展、项目对接、智库研究、综合事务六大功能板块。

在传播展示方面，通过整合线上线下传播展示渠道，发布大湾区社会组织最新动态，对粤港澳大湾区社会组织的典型合作成果进行常态化展示，定期编印大湾区社会组织简报，推动社会组织领域信息共享，总结提炼及传播大湾区社会组织实践经验，提升大湾区社会组织品牌影响力。

在交流合作方面，基地立足南沙，面向湾区，持续举办粤港澳大湾区社会组织合作论坛，不定期组织实施沙龙、讲座、参访等多种形式的交流活动，促进大湾区社会组织发展经验交流与分享，推动社会组织互学互促、共同发展。

在培育发展方面，建立跨区域的社会组织能力建设和专业人才培养联动机制，推动社会组织登记及服务管理便利化措施的制定实施，依法逐步探索国际性社会组织落户的可行路径，以南沙及大湾区战略需求为导向，培育和吸引专业社会组织，提升社会组织培育效能，打造社会组织创新生态链。

在项目对接方面，搭建资源网络，建立资源对接机制，定期举办项目路演、项目对接会等活动，引导和推动大湾区社会组织在科技创新、规则和标准对接、创新社会服务模式、参与"一带一路"建设等方面开展多渠道、多层次、多形式的项目合作。

在智库研究方面，围绕大湾区社会组织发展的相关议题开展课题研究，推动研究成果转化，推进社会组织领域相关标准制定和推广应用，定期发布粤港澳大湾区社会组织合作发展报告，以理论研究、政策研究引领社会组织实践创新。

在综合事务管理方面，统筹协调基地管理事务，开展基地制度建设、文化建设、接待联络、财务管理、人力资源管理、资产管理、档案管理、后勤保障等工作，管理和维护基地场地空间，促进交流活动共建，持续健全基地运作机制。

三、基地发展展望

为推动粤港澳大湾区（南沙）社会组织合作创新基地可持续发展，应紧紧围绕《南沙方案》的重点任务，依托南沙的政策优势、区位优势和人才优势，充分发挥平台和枢纽作用，整合多方资源，聚集创新发展要素，发挥区域辐射带动作用，促进粤港澳大湾区社会组织间的优势互补、资源共享和深度合作，以社会组织合作创新推动社会组织高质量发展。

（一）助力建设国际化人才特区，打造一流"营智环境"

广东省推进粤港澳大湾区建设领导小组印发的《广州南沙新区创建国际化人才特区实施方案》提出，到 2035 年，全面建成具有全球影响力的国际化人才特区，成为南沙高水平对外开放门户建设的重要支撑和粤港澳大湾区人才集聚新高地。科技类、智库类社会组织不仅是吸引和集聚人才的重要载体和平台，而且在加快产学研合作与科研成果转化应用、服务党委政府决策等方面扮演着重要角色。基地可着力吸引科技类、智库类社会组织落户南沙或建立实体化工作机构，开展科技创新、决策咨询等相关工作，服务国家发展战略。

（二）助力粤港澳青年就业创业，激发青年创新活力

促进港澳青年到粤港澳大湾区就业创业，是支持港澳青年融入国家、参与国家建设的重要举措。人社部等四部门于 2021 年出台《关于支持港澳青年在粤港澳大湾区就业创业的实施意见》，对完善港澳青年在大湾区就业创业支持体系和便利举措提出了一系列意见，并鼓励和支持港澳青年到社会组织就业创业。基地可推动珠三角社会组织与政府部门、企业和港澳社会服务机构开展合作，助力打造各类青年创新创业空间，开展粤港澳青少年人文交流活动，深入参与港澳青年"百企千人"实习计划、香港特别行政区政府"内地专题实习计划""大湾区青年就业计划"，激发粤港澳青年来南沙创业就业的热情，拓宽青年创新创业空间。

（三）助力建设链接国内国际双循环重要枢纽节点，引进专业领域的国际组织

近年来，南沙区对外开放门户功能不断增强，国际交往更加紧密，国际知名度和影响力稳步提升。专业领域的国际组织是集聚高端发展要素的重要平台，也是国际规则制定的重要力量。基地可围绕南沙区打造国际一流航运枢纽、新型国际贸易枢纽、金融开放创新枢纽的战略定位，为经贸促进、科技创新、城市治理等专业领域的国际组织落地及运行争取创造更

加便利的条件和环境。与此同时，基地可为珠三角社会组织携手港澳地区创造机会和条件，助力社会组织发挥民间外交功能，参与"一带一路"建设，支持珠三角社会组织积极参与新建国际性社会组织，服务构建更高水平开放型经济新体制。

（四）助力深化制度型开放，营造国际一流营商环境

以行业协会商会为代表的社会组织是营商环境建设的一支重要力量。《粤港澳大湾区发展规划纲要》特别要求"充分发挥行业协会商会在制定技术标准、规范行业秩序、开拓国际市场、应对贸易摩擦等方面的积极作用"。《优化营商环境条例》《广东省优化营商环境条例》等新近出台的法规也高度重视行业协会商会的作用和功能。基地可加强与行业协会商会的交流合作，凝聚行业协会商会力量，促进粤港澳三地标准互联互通，打造"湾区标准"。

（五）助力创新社会服务模式，共建粤港澳优质生活圈

社会组织涉及经济社会各个行业和领域，层次多样、覆盖广泛。以慈善组织、社会工作服务机构为代表的社会组织是社会服务的重要提供者。港澳地区的社会福利机构在养老服务、康复服务、医务社会服务、家庭及儿童福利服务等领域具有丰富的实践经验，形成了国际一流水准的专业服务模式。《粤港澳大湾区发展规划纲要》特别提出"开展社会福利和慈善事业合作"。基地可推动珠三角社会组织加强与港澳社会福利机构在跨境养老服务、跨境社会救助、社工服务、慈善事业、志愿服务等领域中的多元合作，创新社会服务模式，提供多层次、多样化的社会服务，共建宜居宜业宜游的优质生活圈。

广州积极引导社会组织参与
"稳经济、促就业"行动

黎宝欣*

摘要： 广州社会组织在相关政策引导和支持下，积极开展项目对接、行业岗位培训、制定行业标准、搭建人才招聘平台等多项实践，在促进企业合作、提升行业人员专业素养、拓展就业空间等方面取得积极成效，为其他地区推动社会组织参与"稳经济、促就业"提供了可借鉴、可参考的宝贵经验。

关键词： 行业协会商会　就业促进　经济发展

为做好"六稳""六保"工作，党中央、国务院及各地政府非常重视社会组织在促进经济发展、动员社会力量等方面的积极作用，积极引导社会组织参与"稳经济、促就业"行动。根据《2021年民政事业发展统计公报》中的数据，截至2021年底，全国共有社会组织90.2万家，吸纳社会各类人员就业1100万人[①]。本文梳理了支持社会组织参与"稳经济、促就业"的相关政策，总结广州社会组织的实践模式。在此基础上，就社会组织助力经济发展、促进居民就业的可行路径进行初步探讨。

---

* 黎宝欣，广州社会组织研究院研究人员。

① 《2021年民政事业发展统计公报》，中华人民共和国民政部门户网站，2022年8月26日，https://www.mca.gov.cn/images3/www2017/file/202208/2021mzsyfztjgb.pdf。

一、社会组织参与"稳经济、促就业"的相关政策

为进一步缓解就业压力，2022 年 7 月，民政部、教育部、人力资源社会保障部印发《关于推动社会组织进一步助力高校毕业生等群体就业工作的通知》，强调引导社会组织发挥动员社会力量、链接各方资源、提供专业服务等方面优势，助力开发就业岗位、拓展就业空间、提供就业服务①。

为进一步贯彻落实党中央、国务院"稳就业""保就业"决策部署，广州市民政局、广州市社会组织管理局制定系列政策，引导社会组织在促进经济发展、助力稳岗就业方面发挥特有优势。2022 年 7 月，广州市社会组织管理局印发《关于引导社会组织助力稳经济促就业工作的通知》，提出八大措施（见表 1）②；2022 年 9 月，印发《广州社会组织"暖企·直达"行动工作方案的通知》，提出发挥行业协会桥梁纽带作用，以实际行动助力惠企政策措施落地生效③；2022 年 12 月，印发《广州市社会组织助力复工复产行动方案》，提出开展六项行动，包括党建引领强化行动、为企业减负深化行动、公益创投持续行动、平台搭建促进行动、项目推介精准行动、疫情防控优化行动，为社会组织参与复工复产提供行动指引。

---

① 《关于推动社会组织进一步助力高校毕业生等群体就业工作的通知》，中国政府网，2022 年 7 月 8 日，https：//www.gov.cn/zhengce/zhengceku/2022-07/12/content_5700590.htm。

② 《广州市社会组织管理局关于引导社会组织助力稳经济促就业工作的通知》，广州市社会组织管理局网站，2022 年 7 月 14 日，http：//mzj.gz.gov.cn/gznpo/dt/tzgg/content/post_8424882.html。

③ 《广州市社会组织管理局关于印发广州社会组织"暖企·直达"行动工作方案的通知》（穗社管发〔2022〕37 号），广州市社会组织管理局网站，2022 年 9 月 15 日，http：//mzj.gz.gov.cn/gznpo/dt/tzgg/content/post_8568293.html。

表1　广州社会组织助力"稳经济、促就业"八大措施①

序号	措施名称	主要内容
1	深化学习提认识	增强社会组织助力"稳经济、促就业"等方面的使命感、责任感，把思想、行动统一到习近平总书记、党中央的决策部署上来
2	讲好政策增信心	各社会组织加强涉及本行业、本领域政策措施的宣贯、解读和辅导工作；引导心理卫生类社会组织提供心理疏导、关爱帮扶、减压增能等专业服务
3	搭建平台促合作	搭建企业向政府部门反映诉求、企业之间供需对接、企业与金融机构开展合作等不同主体间的沟通交流平台
4	瞄准前沿促升级	支持行业企业在应对风险、转型升级、技术创新等方面提供专业咨询、指导服务；引导行业企业参与"一带一路"建设，服务国家"走出去"战略
5	优化服务促发展	继续深化"我为企业减负担"行动；积极为会员企业提供数据共享、人才培育、融资贷款、法律咨询等多项专业服务；组织开展展览展销、项目洽谈、银企对接、校企对接、人才交流等活动，精准资源对接
6	挖掘潜力促就业	鼓励社区社会组织面向毕业生开放岗位并予以优先招录；引导社会组织按照承接服务的需求开发更多公益服务岗位；支持在城乡社区提供养老、托育、家政、物业、健康等服务的社会组织增加面向毕业生的工作岗位；鼓励具有一定就业容量和技术含量的社会组织申报就业见习基地
7	创新形式促实效	通过互访交流、项目推介、组团对接等形式实现信息共通、资源共享、项目共建；收集会员企业的人才需求信息，对接高校毕业生的就业意向，提供就业咨询、职业指导、求职技巧等就业指导服务
8	强化组织促长效	协助政府部门及时推动相关政策措施落实到位；及时梳理、总结提炼在助力"稳经济、促就业"中的经验做法，充分依托传统媒体和新兴媒介，加大宣传力度

① 《稳经济促就业，社会组织这样做》，广州市民政局官微，2022年7月15日，https：//mp. weixin. qq. com/s/sPBuHBLKV5J0OuV9nGijvw。

二、广州社会组织参与"稳经济、促就业"的行动实践

广州市充分发挥社会组织在营商环境建设、促进就业等方面的积极作用，引导社会组织开展各项"稳经济、促就业"行动。

第一，通过开展项目对接会形式，促成行业项目合作。例如，2022年，广州市软件行业协会通过开展项目对接会等形式，积极推动会员企业间技术、资源、市场交流合作，已成功促成22个企业合作项目，合同金额达到1.2亿元[①]。

第二，通过开展行业岗位培训，提升行业人员专业素质。广州市社会福利与养老服务协会持续开展行业稳岗培训，开展产品标准认证说明会、养老产业专题直播及沙龙、养老专题安全知识竞赛等系列活动。截至2022年7月底，培训覆盖养老护理员4245人、中级养老护理员80人、失智老年人家庭照护者106人，提升家庭和养老机构护理人员专业服务水平[②]。广州市家庭服务联合会通过开展"爱心月嫂""女性赋能""我送妈妈上班"等女性就业技能提升项目，畅通用工服务需求和人才供给渠道，2021年以来，已培训并帮助800名欠发达地区女性实现就业[③]。

第三，制定行业标准，促进行业规范发展。广州市行业协会商会覆盖工业、制造业、现代服务业、新产业新业态等各个领域，在参与行业管理、推动行业标准化建设过程中发挥了重要作用。例如，广州冷链行业协会参与制定广州市地方标准《鲜活农产品冷链物流配送服务管理规范》，规定了鲜活农产品冷链运输、储存、中转、加工与配送等流通环节的服务管理要求。广州市建筑业联合会参与《建设工程绿色施工管理与评价规程》地方标准，围绕房屋建筑以及市政基础设施工程的新建、改建、扩建

---

① 《社会组织如何服务经济社会发展？来看看广州"答卷"》，金羊网，2022年5月30日，https：//news. ycwb. com/2022-05/30/content_ 40810913. htm。

② 《助800名欠发达地区女性实现就业》，南方工报数字报第02版，2022年8月10日，http：//epaper. grzx. com. cn/html/2022-08/10/content_ 27743. htm？ div＝-1。

③ 同上。

以及拆除等施工环节，规定了"四节一环保"要求、建筑信息化及工业化、绿色施工评价及应用等内容①。

第四，搭建人才招聘平台，拓展就业空间。广州社会组织积极响应政策号召，通过搭建招聘平台，举办招聘会、就业推介会等方式，精准对接企业与就业者需求。例如，广州市游戏行业协会开展双向推介招聘会，专门搭建会员单位与人才双向交流平台，共发布招聘需求 500 余次。广州市社会工作协会在广州市 170 多个镇（街）开展就业推介会、洽谈会等活动 430 多场次，累计促进社会就业约 1800 人②。广州社会组织研究院搭建大湾区社会组织职业人才招聘信息发布平台，实时发布社会组织专职岗位需求，有效提高招聘效率。

三、社会组织参与"稳经济、促就业"的经验启示

广州被誉为"千年商都"，但受本土疫情影响，广州经济社会发展遇到多重困难。为有效推动经济高质量发展，广州市通过相应政策引导，支持社会组织充分发挥优势，整合多元资源，开展"稳经济、促就业"行动。在此过程中，形成的一些经验值得参考和借鉴。

一是注重相关政策制度供给，有效发挥政策指引作用。为推动做好"六稳"工作、落实"六保"任务要求，以实际行动维护经济社会发展大局，广州市社会组织管理局出台了一系列政策方案，提出具体行动措施，引导社会组织开展企业复工复产、就业岗位开发等实践探索。

二是需要立足社会组织的特定优势，不断创新社会组织参与路径。促进经济高质量发展、解决就业问题是一项长期且复杂的重大战略任务，需要政府、市场、社会组织等多方力量推动。在此过程中，社会组织需要找

---

① 《勇担当　敢作为——广州市社会组织积极参与标准化建设　助力高质量发展》，中宏网，2023 年 2 月 7 日，http：//gd. zhonghongwang. com/show - 141 - 13153 - 1. html。

② 《"挖潜促就业　联动促经济"广州市社会组织搭建劳动力供需对接平台》，中宏网，2022 年 8 月 9 日，http：//gd. zhonghongwang. com/show-155-11010-1. html。

广州市社会组织发展报告
（2023）

准定位，结合自身优势，开展相关工作。广州社会组织充分发挥其社会动员、资源整合的优势，通过搭建项目对接平台、人才招聘信息平台等创新探索，促成企业合作，提高招聘效率。

三是充分发挥行业协会商会作为行业引领者的作用，推动各行各业健康发展。行业协会商会作为非营利性的社会团体，其首要作用是服务会员，满足会员发展需求，尤其是帮助企业解决所需人才、技术创新、成果转化、融资和品牌培育等与生存发展密切相关的重大问题。广州市行业协会商会坚持以会员发展需求为导向，以促进行业健康发展为目标，通过制定行业标准、开展行业人才培训、开展政策宣讲解读等活动，搭建起企业与企业沟通、企业与政府沟通的桥梁，有效解决影响企业生存发展的关键问题，推动行业健康有序发展。

四是注重成效传播，发挥示范效应。广州市民政局、广州市社会组织管理局及相关社会组织注重社会组织"稳经济、促就业"行动传播工作，及时梳理、总结提炼典型经验做法，依托传统媒体和新兴媒介，定期开展新闻发布会，及时向社会发布社会组织参与"稳经济、促就业"行动的相关数据与典型案例，发挥示范和带动作用。

广州社会组织开展七项行动
助力全面推进乡村振兴

黎宝欣*

摘要：党的二十大报告指出，全面建设社会主义现代化国家最艰巨最繁重的任务仍然在农村。本文结合广州社会组织参与乡村振兴的探索实践，提出推进社会组织参与乡村振兴的三点建议：结合乡村特色资源，大力开展产业帮扶；着力推动乡村振兴人才队伍建设，培育乡村振兴内生力量；搭建社会组织参与乡村振兴项目合作平台，促进社会组织优势互补，联合打造品牌公益项目。

关键词：乡村振兴 社会组织 广州市

党的二十大报告明确提出全面推进乡村振兴，加快建设农业强国。2021年，中央一号文件《中共中央 国务院关于全面推进乡村振兴加快农业农村现代化的意见》指出，坚持和完善社会力量参与帮扶机制，接续推进脱贫地区乡村振兴①。随后颁布的《中华人民共和国乡村振兴促进法》明确规定："各级人民政府及其有关部门应当鼓励、支持人民团体、社会组织、企事业单位等社会各方面参与乡村振兴促进相关活动。"② 随着乡村振兴战略的全面推进，为社会组织参与乡村振兴创造了广阔空间。

---

* 黎宝欣，广州社会组织研究院研究人员。

① 《中共中央 国务院关于全面推进乡村振兴加快农业农村现代化的意见》，中国政府网，2021 年 1 月 4 日，https：//www.gov.cn/gongbao/content/2021/content_5591401.htm。

② 《中华人民共和国乡村振兴促进法》，中国人大网，2021 年 4 月 29 日，http：//www.npc.gov.cn/npc/c30834/202104/8777a961929c4757935ed2826ba967fd.shtml。

一、广州引导社会组织参与乡村振兴的政策举措

2021年是"十四五"开局之年,是巩固拓展脱贫攻坚成果同乡村振兴有效衔接具体实施的第一年。2021年5月,广州市社会组织管理局制订印发《广州市社会组织参与巩固拓展脱贫攻坚成果推进乡村振兴工作方案》,提出开展贵州东西部协作行动、西藏新疆对口支援行动、四川甘孜巩固拓展行动、省内乡村振兴帮扶行动、广州特殊群体暖心关爱行动、"羊城慈善为民"行动、社会组织帮扶能力提升行动等七项行动(见表1),引导专业社会组织力量广泛参与乡村振兴①。2022年,广州市社会组织管理局、广州市社会组织党委印发《关于进一步引导动员广州社会组织参与乡村振兴的实施意见》,强调开展东西部协作地区帮扶、三排镇帮扶及特困群体关爱服务专项行动。同时,印发《"聚力助学 童向未来"广州市社会组织对口支援清远市连南瑶族自治县三排镇教育帮扶方案》,全面引导社会组织科学有效参与乡村振兴②。

表1 广州社会组织参与乡村振兴七项行动③

序号	行动名称	主要内容
1	贵州东西部协作行动	在基础设施建设、"黔货出山"、特困群体救助、医疗教育援助等方面开展帮扶工作;开展特色产业帮扶共建,打造旅游产品和市场
2	西藏新疆对口支援行动	在具有民族特色的乡村产业开发合作、基础设施建设、教育医疗援助、农特产品进广州、旅游开发等方面的帮扶支援

---

① 《广州市社会组织管理局开展七项行动助力乡村振兴》,广州市民政局网站,2021年5月14日,http://mzj.gz.gov.cn/dt/mzdt/content/post_7281185.html。

② 《广州社会组织为清远连南县三排镇乡村振兴注入新动力》,金羊网,2022年6月24日,https://news.ycwb.com/2022-06/24/content_40871210.htm。

③ 《我为群众办实事 广州社会组织开展七项行动助力乡村振兴》,广州市民政局官微,2021年5月12日,https://mp.weixin.qq.com/s/m1g0nlMT8xoHeKvglg84zw。

序号	行动名称	主要内容
3	四川甘孜巩固拓展行动	助力民族特色手工艺产品、农特产品销售,开展捐资助学和先天性心脏病儿童救助行动
4	省内乡村振兴帮扶行动	将镇村作为乡村振兴支持重点,引导社会组织开展"进乡村、助振兴"活动,参与乡村产业发展共建、基础设施建设、农特产品入广州、公共服务供给建设、教育健康、乡村休闲旅游等工作
5	广州特殊群体暖心关爱行动	聚焦农村留守老人、重度残疾人、留守和困境儿童等特殊群体,提供"平安通"呼援服务、上门走访慰问、心理咨询、健康检查、医疗救助、生活帮扶、权益保障等暖心服务
6	"羊城慈善为民"行动	开展"广东扶贫济困日""羊城慈善为民"活动;实施广州善行者公益徒步行动、"珠珠救助"、爱蕾行动等慈善行动;支持从化、增城等区开展乡村振兴项目;开展"微善之光"等微慈善系列,提高社区慈善基金覆盖率
7	社会组织帮扶能力提升行动	加强与省内外、帮扶地区社会组织交流合作;定期开展帮扶业务培训,增强社会组织开展帮扶、助推乡村振兴工作能力

二、广州社会组织参与乡村振兴的实践探索

(一) 通过组团结对方式,积极开展助力乡村振兴专项行动

为进一步凝聚社会组织力量,发挥社会组织协同合作的优势,2022年6月,广州市社会组织管理局制定《"聚力助学 童向未来"广州市社会组织对口支援清远市连南瑶族自治县三排镇教育帮扶方案》《"穗医惠民情满瑶乡"广州市社会组织对口支援清远市连南瑶族自治县三排镇医疗帮扶方案》,鼓励社会组织通过组团结对的方式,围绕助学帮教与医疗帮扶,开展专项行动。广州市社会组织联合会联合广州社联困境儿童关爱中心、广州市中食安泓爱心公益基金会、广州市游戏行业协会、广州互联网协会

等社会组织开展"养苗计划""每天一个鸡蛋",改善乡村学龄儿童营养健康。此外,为三排镇中心小学捐赠教学电脑、学习用品和空调厨具设备,改善儿童学习环境。广州市利世慈善基金会、广州镇泰慈善基金会、广州市长鹿六脉慈善基金会为品学兼优的贫困学生发放助学金,大力支持连南县三排镇教育发展。

在医疗帮扶方面,广州市医疗行业协会牵头组团开展"穗医惠民情满瑶乡"助医专项行动,组织广东省、广州市医院数十名知名专家医生深入三排镇为村民开展身体检查、健康指导、疑难杂症答疑解惑等医疗服务。与此同时,组织广州一百零八度公益基金会、广州市潮汕商会、广州市珠光霭德公益基金会、广州市正佳慈善基金会、广州市殡葬协会、广州市数智振兴共富公益基金会、广州台州商会、广州市信诚公益基金会、广州市湖南郴州商会、广州市建设监理行业协会向连南县三排镇卫生院捐赠医疗设备、办公桌椅、电脑、空调等物资,改善三排镇卫生院医疗设备。

(二)多措并举,推动乡村产业振兴

广州社会组织通过消费帮扶、开展专业技能培训等措施,深入开展产业帮扶行动。一方面,广州社会组织充分结合乡村特色产业,通过消费帮扶促进当地农民稳收增收。例如,广州市白云恒福社会工作服务社充分发挥其供销社网络资源优势,通过举办黄皮文化节、开展助农直播、发起企业团购、爱心认领认捐等线上线下多种助销形式,助力解决广州市白云区钟落潭镇龙岗村鸡心黄皮滞销难题①。广州市社会组织联合会、广州市从化区慈善会联合主办的"我为群众办实事、社会组织齐参与"——2021年从化区荔枝公益定制活动,鼓励社会组织发动各方资源、爱心企业、爱心人士等社会各界力量以棵或片区为单位认购荔枝,提高农民收入②。另一方面,社会组织通过开展各类产业技能培训,促进当地村民成为乡村振兴

---

① 《投身乡村振兴,广州社工敢担当不含糊》,广州政法网,2022年4月18日,https://www.gzszfw.gov.cn/article/document.do?shId=21500。

② 《三级联动 多元惠农——2021年从化区荔枝公益定制活动启动》,中国发展网,2021年5月17日,http://www.chinadevelopment.com.cn/sh/2021/0517/1725968.shtml。

的主力军。例如，广州市妇女儿童福利会开展"安顺唯爱家政职业经理人培训"项目，邀请特聘专家、讲师进行授课，提升贵州安顺困难妇女群体就业能力，带动更多妇女在家门口实现创业就业①。

此外，广州市社会组织管理局组织社会组织代表及专业人员组成调研组，开展乡村振兴调研，深入推进产业对口帮扶及人才就业行动。2022年6月，调研组考察了清远市连南县三排镇牛头岭村鱼塘重建项目、30亩南药种植场地、村集体光伏建造、三排镇三排村油茶基地建设等项目，初步促成广州市肉菜市场行业协会及会员单位广东何氏水产有限公司对口帮扶牛头岭村鱼塘重建项目，广州市慧基金慈善基金会对接30亩南药种植项目②。2022年8月，调研组与连南县人社局联合举办了"挖潜促就业　联动促经济"广州社会组织2022年就业帮扶招聘会连南专场，面向连南县毕业大学生、技术工、农民工等未就业人群，提供多种就业岗位。

（三）聚焦特困群体，社会组织助力构建兜底保障网络

2022年，广州市举办第九届社会组织公益创投活动，投入1700万元，大力实施为老、助残、救助帮困、未成年人保护、社区治理等帮扶项目141个，服务覆盖全市11个区的低保低收对象、特困人员、独居长者、困境儿童、残疾人等八类特殊困难群体③。与此同时，广州社会组织尤为关注困境儿童的帮扶，广州社联困境儿童关爱中心通过开展"情暖童心　相伴童行"、"相伴成长　童庆六一"、"童梦辅导员"计划等系列困境儿童关爱活动，为广州全市11个区困境儿童及其家庭提供学业辅导、家居改造、才艺教学、安全教育等关爱服务。广州市利世慈善基金会持续实施"利世精英学子一对一——家人长期奖学金项目"，助力贫困学生继续接受教

---

① 《安顺唯爱家政职业经理人培训班在平坝区举行》，多彩贵州网，2022年7月19日，http：//gzas.gog.cn/system/2022/07/19/018185634.shtml。

② 《就业招聘、调研帮扶，广州社会组织持续助力连南县三排镇乡村振兴》，金羊网，2022年9月2日，https：//news.ycwb.com/2022-09/02/content_41021200.htm。

③ 《扶老护幼、助残济困，1700万福彩公益金助力广州公益创投项目》，中国福利彩票网，2022年7月6日，http：//www.cwl.gov.cn/c/2022/07/06/506862.shtml。

育。广州市东升公益基金会向从化区慈善会捐赠 123 万元用于开展"童筑未来"公益项目，支持从化区太平镇中小学信息化校舍建设以及青少年心理健康教育①。

三、持续推动社会组织参与乡村振兴的思考与建议

党的二十大报告指出，全面建设社会主义现代化国家，最艰巨最繁重的任务仍然在农村。2023 年，中共中央、国务院印发《关于做好 2023 年全面推进乡村振兴重点工作的意见》，对全面推进乡村振兴作出重大部署。社会组织在推进乡村发展、乡村建设、乡村治理等方面发挥重要作用，为促进社会组织有效参与乡村振兴战略，本文提出以下三点建议。

第一，结合乡村当地特色，大力开展产业帮扶。发展乡村产业是实施乡村振兴的重点，社会组织应充分发挥其资源整合能力、创新能力，充分挖掘乡村当地文化资源、产业特色，积极开展乡村旅游、农产品基地建设、农产品直播销售等实践，为乡村振兴注入新的动能。

第二，着力推动乡村振兴人才队伍建设，培育乡村振兴内生力量。中共中央、国务院印发的《关于实施乡村振兴战略的意见》提出，"要创新乡村人才培育引进使用机制，一方面，社会组织要善于发掘乡村新乡贤，引导返乡创业优秀农民工和返乡离退休干部、乡村知识分子等为代表的新乡贤群体参与乡村振兴；另一方面，围绕乡村产业需求，对接相应资源，为当地农民、乡村干部、科技人才、乡土人才等开展精细化培训，赋能乡村当地村民，激发乡村振兴的内生活力"。

第三，搭建社会组织参与乡村振兴项目合作平台，促进社会组织优势

---

① 《广州市东升实业慈善基金会捐赠 123 万元 》，广州市从化区慈善会官微，2022 年 9 月 15 日，https：//mp. weixin. qq. com/s？src ＝ 11&timestamp ＝ 1692092187&ver ＝ 4714&signature＝bkEXIUbfECTDab8oGoL2ZVmLl3mc－524rPbnehR1iUjL9bbO2rGAz－N7DT－UB25zM4c0ZsEZyfJZb9E7d ＊ nmP0WJjY9NaRF4BokQtAGV0BCLJBNBk ＊ fNqcop0b9U3 ＊ bj&new＝1。

互补，形成发展合力。建议以国家政策为指引，紧紧围绕乡村振兴的重点领域和议题，搭建供需对接平台，加强信息沟通与交流，促进社会组织与政府部门、企业等多元主体之间的合作，联合打造具有较大影响力的乡村振兴品牌公益项目，增强项目的持续性。

广州社会组织持续参与标准化建设
助力经济社会高质量发展

严国威[*]

摘要： 2022年，广州社会组织主动参与国家标准、地方标准和团体标准的制定，以标准化建设筑牢经济社会高质量发展的基石。社会组织参与的重点领域既包括社会组织自身的规范化、专业化建设，也涵盖了公共服务、公共安全和经济产业发展等传统领域，同时也涉及新技术应用等新兴领域，在此过程中形成了加强政策支持、推进全域覆盖、强化示范引领、重视多方联动、秉持求新致用等一系列具有特色的工作手法，不断丰富标准化助力高质量发展的广州实践。

关键词： 社会组织　标准化建设　广州市

党的十八大以来，广州加快标准化在经济社会各领域的普及应用和深度融合，以标准化助力高质量发展。在此过程中，具备相关专业资质的社会组织成为标准化技术组织的重要类型，先后参与起草了一大批具有示范引领效应的标准化成果，在促进经济发展、繁荣社会事业、创新社会治理、提供公共服务中展现出新担当新作为。

一、广州社会组织参与标准化建设的实践

近些年，广州社会组织充分发挥自身的行业优势和专业优势，主动参

---

[*] 严国威，广州社会组织研究院特约研究员。

与国家标准、地方标准、团体标准、行业规范等标准化成果的制定，以标准化建设筑牢经济社会高质量发展的基石。相关数据显示，2021 年 11 月至 2022 年 10 月，广州社会组织累计参与制定团体标准 110 余项、广州市地方标准 17 项、广东省地方标准 4 项、国家标准 1 项①。

（一）社会组织规范化、专业化建设

规范社会组织内部治理结构及治理机制，完善社会组织管理人才培养体系，制定社会服务技术标准，是广州社会组织推进自身标准化建设的重点领域。例如，广州市社会组织联合会、广州市社会组织文化传播协会、广州社会组织研究院、广州社联困境儿童关爱中心参与起草的《社会组织应对突发公共卫生事件防控规范》（DB4401/T 139—2021）自 2022 年 2 月 1 日起实施，成为全国首个社会组织应对突发公共卫生事件防控的地方标准。广州市社会福利与养老服务协会参与起草的《养老机构护理等级评定规范》于 2022 年 2 月 18 日发布，对广州市养老机构老年人护理等级评定的评估指标、评估要求、评估程序、评定等级划分以及评估质量监督和改进进行了规定。广州社会组织研究院参与起草的《社会组织能力建设指南》（DB44/T 2368—2022）和《社会组织管理人才培养指南》（DB44/T 2369—2022）两项广东省地方标准于 2022 年 7 月 5 日发布，成为国内首批社会组织综合能力建设和管理人才胜任力提升的地方标准。

（二）公共服务标准化建设

公共服务和公共安全与人民群众日常生活息息相关，其本身也是社会服务机构和行业协会会员企业的重要业务领域，因而成为广州社会组织参与标准化建设的第二类重点领域。例如，广州市特种设备行业协会参与起草的《重大活动特种设备安全保障规范-电梯》（DB44/T 2387—2022）于 2022 年 8 月 15 日发布，对广东省内重大活动涉及的曳引与强制驱动电梯、自动扶梯与自动人行道安全保障的工作程序进行了规范。广州市燃气行业

---

① 《广州市社会组织管理局关于进一步鼓励社会组织参与标准化建设的通知》，广州市社会组织管理局网站，2022 年 12 月 9 日，http：//mzj. gz. gov. cn/gznpo/dt/tzgg/content/post_ 8712255. html。

协会参与制定的《埋地燃气管道运行风险控制技术规范》（DB4401/T 157—2022）于 2022 年 3 月 16 日发布，对广州市埋地燃气管道的运行风险调查、分级、维护抢修响应、消除确认等作业要求进行了规范。广州环卫行业协会牵头修订的《生活垃圾分类 设施配置及作业规范》（DBJ440100/T 238—2015）于 2022 年 2 月 18 日发布，对广州市各类生活垃圾产生场所的生活垃圾分类投放、收集、转运设施和运输设备配置等作业要求进行了规范。

（三）经济产业标准化建设

广州以学术团体、行业协会、社会智库为代表的社会组织充分发挥各自的行业枢纽优势和专业技术优势，积极参与本行业本领域各类标准制定，成为广州社会组织参与标准化建设的第三类重点领域。例如，广州冷链行业协会参与起草的《鲜活农产品冷链物流配送服务管理规范》（DB4401/T 142—2022）于 2022 年 1 月 4 日发布，对鲜活农产品冷链运输、储存、中转、加工与配送等流通环节的服务管理要求进行了规范。广州市瓶装液化气行业协会参与起草的《诚信计量管理规范 第 7 部分：瓶装液化石油气充装站》（DB4401/T 111.7—2021）自 2022 年 2 月 1 日起实施，对瓶装液化石油气充装站的诚信计量服务要求和管理技术进行了规定。广州市建筑业联合会参与制定的《建设工程绿色施工管理与评价规程》（DB4401/T 154—2022）于 2022 年 3 月 21 日发布，规定了广州市内房屋建筑以及市政基础设施工程的新建、改建、扩建及拆除等施工环节的"四节一环保"要求、建筑信息化及工业化、绿色施工评价及应用等内容。广州市品牌质量创新促进会参与起草的《"湾区农产品"评定准则》（T/BQI0008—2022）于 2022 年 9 月 26 日发布，规定了"湾区农产品"的评定机制、申请程序以及评定要求等内容。广州市家具行业协会参与制定的《智能寂静间》（T/GZF 03—2022）于 2022 年 9 月 20 日发布，对智能寂静间的质量要求进行了规范。

（四）新技术应用标准化建设

除了上述传统领域，广州社会组织还积极参与人工智能、生物技术、新一代信息技术、大数据、新材料等新技术领域的标准化建设，有效响应国家战略和经济社会发展需求。例如，广州市标准化协会参与制定的《广州市特色产业集群数字化转型平台建设技术规范》（T/GZBZ 17—2022）于2022年3月1日发布，对广州市特色产业集群数字化转型平台建设的基本要求、参考架构、功能要求、性能要求、安全要求以及运维管理要求进行了规范。广州市空间地理信息与物联网促进会参与起草的《物联位置网应用　智能驾驶地图技术规范》（T/KJDL 018—2021）自2022年1月1日起实施，对物联位置网时空数据所需智能驾驶地图的一般规定构成图层、数据模型、数据成果形式等内容进行了规定。广州市数字金融协会参与起草的《互联网金融借款合同纠纷要素标准》（T/GZDFA 004—2022）等三项团体标准于2022年9月28日发布，对互联网金融借款合同纠纷、小额借款合同纠纷以及金融电子数据存证中所需的关键性要素和信息进行归类和定义。广州市南沙区经济合作促进会牵头起草的《全球溯源体系共建方通则》（T/GNDECPA 0014—2022）等八项团体标准自2022年9月2日起实施，规定了支撑共建方参与全球溯源体系共建的职责和权限、加入要求、共建行为、行为准则和退出等内容。广州开发区汽车及配件用品行业协会参与起草的《智能汽车车载语音交互系统性能要求及测试方法》（T/KQP 4—2022）于2022年8月9日发布，适用于带有语音交互功能的汽车的设计、开发、测试及维护。

二、广州社会组织参与标准化建设的主要做法

广州在推动社会组织参与标准化建设过程中，着重健全标准化体制机制，持续提升社会组织标准化服务能力，形成了一系列具有特色的工作手法，不断丰富标准化助力高质量发展的广州实践。

（一）加强政策支持

建立健全推动社会组织参与标准化建设的政策体系，畅通社会组织参与标准化建设的制度化渠道，是广州提升社会组织标准化服务能力的基础

性工作。中共中央、国务院于 2021 年 10 月 10 日印发的《国家标准化发展纲要》进一步强调了社会组织在标准化建设中的积极作用，明确鼓励社会组织应用标准化手段加强自律、维护市场秩序。《广州市社会组织发展"十四五"规划（2021—2025 年）》要求进一步健全社会组织行业管理标准，支持社会组织编制团体标准与地方标准助力广州创建"标准国际化创新型城市"。2020 年以来，广州市社会组织管理局连续 3 年印发推动社会组织参与标准化建设的通知，鼓励社会组织协调相关市场主体共同制定满足市场和创新需要的标准，积极参与经济、政治、文化、社会和生态文明建设等重大部署相应领域的标准化建设，同时对加强示范引领、聚焦重点领域和加强认知宣传等工作进行了部署[①]。

（二）推进全域覆盖

2022 年度实践经验显示，广州社会组织参与标准化建设具有多层级、宽领域的特征。其标准化成果涵盖了国家标准、省市地方标准、团体标准、行业规范等多重层级，其重点领域不仅包括社会组织自身的规范化建设，也涵盖了产业发展、公共服务、公共安全等经济社会发展的传统领域，同时还涉及人工智能、生物技术、大数据等新技术应用领域。与此同时，广州市社会组织管理局也鼓励具备相应能力的标准化社会组织重点聚焦节能环保、新一代信息技术、高端装备制造、新能源、新材料、社会管理和公共服务等特色领域以及战略性新兴产业领域，促进技术创新、标准研制和产业化协调发展。

（三）强化示范引领

强化社会组织参与标准化制定和标准化成果的示范引领作用，营造社会组织参与标准化建设的集群效应，是广州推动社会组织参与标准化建设的第三项特色做法。2020 年以来，广州市社会组织管理局每年都会对当年

---

① 广州市社会组织管理局先后于 2020 年 8 月 20 日印发《广州市社会组织管理局关于进一步推动社会组织标准化建设的通知》，2021 年 11 月 17 日印发《广州市社会组织管理局关于进一步鼓励社会组织参与标准化建设的通知》，2022 年 12 月 13 日印发《广州市社会组织管理局关于进一步鼓励社会组织参与标准化建设的通知》。

度参与标准化建设成绩突出的社会组织进行通报表扬。截至 2022 年 12 月，已累计通报表扬三批次 36 家次社会组织，其中，以行业协会为代表的社会团体 33 家次、以社会智库为代表的社会服务机构 3 家次①。在此过程中，先后涌现出《老年人照顾需求等级评定规范》（DB4401/T 1—2018）、《品牌社会组织评价指标》（DB4401/T 38—2020）、《社会组织应对突发公共卫生事件防控规范》（DB4401/T 139—2021）等一大批在全国范围内具有示范引领作用的标准化成果。

（四）重视多方联动

广州社会组织参与标准化建设具有的多层级、宽领域等特征，也决定了相关标准化社会组织不能是单兵作战，而是需要推动政府部门、企事业单位、高等院校及科研单位、社会智库、行业协会等多元主体实现跨界联动。例如，《"湾区农产品"评定准则》（T/BQI0008—2022）的起草单位多达 28 家，其中既包括广州市品牌质量创新促进会、佛山市食品安全学会、广东省农产品质量安全协会等广东省内社会组织，以及澳门国际品牌企业商会、澳门食品安全管理学会、澳门餐饮行业协会等港澳地区社会组织，同时还包括国家市场监督管理总局认证认可技术研究中心、广州海关技术中心等国内相关单位，以及国际食品安全协会有限公司、香港货品编码协会有限公司、广州市来利食品有限公司等境内外相关企业。广州市数字金融协会在起草《互联网金融借款合同纠纷要素标准》（T/GZDFA 004—2022）等三项团体标准过程中，不仅与广州互联网法院等司法机关联合牵头，同时还与广州、上海、北京等地 20 多家互联网金融企业、银行、律师事务所保持密切合作，共同推动标准起草工作。

（五）秉持求新致用

广州社会组织在参与标准化建设过程中始终秉持求新致用的原则，强

---

① 来源于 2020 年 8 月 20 日印发的《广州市社会组织管理局关于进一步推动社会组织标准化建设的通知》，2021 年 11 月 17 日印发的《广州市社会组织管理局关于进一步鼓励社会组织参与标准化建设的通知》，2022 年 12 月 13 日印发的《广州市社会组织管理局关于进一步鼓励社会组织参与标准化建设的通知》。

调标准化成果的创新性和应用性。在创新性方面，2022 年度实践显示，由广州社会组织参与起草的多项标准化成果成为全国首创。例如，广州市社会组织联合会参与起草的《社会组织应对突发公共卫生事件防控规范》（DB4401/T 139—2021）是全国首个社会组织应对突发公共卫生事件防控的地方标准，广州社会组织研究院参与起草的《社会组织能力建设指南》（DB44/T 2368—2022）和《社会组织管理人才培养指南》（DB44/T 2369—2022）是国内首批社会组织综合能力建设和管理人才胜任力提升的地方标准。在应用性方面，广州社会组织充分发挥自身的专业优势和桥梁纽带作用，积极组织企业会员、社会组织编写和应用相关标准化成果。相关标准化成果在起草过程中充分考虑广州经济社会发展实际，同时也积极借鉴域外各行业各领域标准化建设的优秀经验，注重引进和创新具有国际水平的专业技术和管理模式。

三、广州社会组织参与标准化建设的经验启示

参与标准化建设是社会组织切实履行服务国家、服务社会、服务群众、服务行业基本职责的重要领域，也是推动社会组织高质量发展的关键环节。2022 年，广州社会组织持续提升自身的标准化服务能力，在各行业各领域标准化建设中发挥了积极作用。总体来看，广州社会组织参与标准化建设的经验启示包括：

一是健全标准化建设制度体系，畅通和拓展社会组织参与标准化建设的制度化渠道，同时完善项目经费、成果奖励、专业指导、平台搭建、人才队伍建设等方面的基础保障措施。

二是发挥枢纽组织的桥梁纽带作用，充分发挥学术团体、行业协会、社会智库等标准化社会组织的行业优势和专业优势，鼓励各行业各领域社会组织及其会员企业参与标准制定。

三是促进多层级宽领域参与，通过深度参与国家标准、省市地方标准、团体标准、行业规范等多层次标准化成果的起草工作，推动将社会组织标准化服务领域拓展至涵盖社会组织规范化建设、经济产业发展、基本

公共服务、公共安全以及新技术应用等领域，紧跟国家战略及广州经济社会发展需要。

四是探索跨界多元联动，既包括标准化社会组织之间分工协作，也包括推动政府部门、企事业单位、高等院校及科研单位、社会智库、行业协会等多元主体实现跨界别、跨领域、跨地域联动，有效保证标准化产品的科学性、应用性及创新性。

五是加强示范引领，选树一批具有品牌特色的标准化社会组织及标准化成果，增强社会组织参与标准化建设的集群效应，同时全方位、多渠道、多维度宣传社会组织标准化成果，为标准化助推高质量发展营造良好的行业生态和社会氛围。

附录一

2021—2022 年度广州市社会组织十件大事

2021 年度广州市社会组织十件大事

1. 广州市社会组织热烈庆祝中国共产党成立 100 周年

2021 年 7 月 1 日，广州市社会组织管理局、广州市社会组织党委组织全市社会组织认真收看庆祝中国共产党成立 100 周年大会直播盛况。7 月以来，举办多场社会组织专题辅导报告会、研讨班和"两优一先"代表座谈会，深入学习贯彻习近平总书记"七一"重要讲话精神，进一步从党的百年辉煌奋斗历程中汲取奋进力量，以更强的党建引领活力、更优的创新发展模式、更实的为民服务举措奋进新征程，全力推动广州社会组织高质量发展、出新出彩。

2. 广州市社会组织扎实开展党史学习教育和"我为群众办实事"实践活动

广州市社会组织管理局党组、广州市社会组织党委通过制订党史学习教育工作方案、开展"银映红棉"红联共建、颁发"光荣在党 50 年"纪念章、编印党建阵地目录、组建党课宣讲团、遴选社会组织 100 节优秀党课等活动，迅速掀起广州社会组织党史学习教育热潮。充分发挥社会组织优势特点，深入实施社会组织领域"我为群众办实事"十项行动，扎实开展"三亮三树"公益创投、点亮微心愿等系列具有社会组织特色的实践活动，创新推进"仁医惠民·爱在羊城"、商务楼宇"爱心驿站"等"家门口"惠民项目，以精准、专业、暖心服务为群众办实事、解难题。

3.《广州市社会组织发展"十四五"规划（2021—2025 年）》发布实施

"十四五"时期是我国开启全面建设社会主义现代化国家新征程、向第二个百年奋斗目标进军的第一个五年，也是广州市加快实现老城市新活力、"四个出新出彩"的重要阶段。《广州市社会组织发展"十四五"规划（2021—2025 年）》，明确了今后五年广州市社会组织发展的基本原则、主要目标、主要任务和保障措施，清晰描绘了广州市社会组织在"十四五"时期努力实现更加均衡、更有效能、更可持续、更高质量发展的新蓝图，对于广州持续深化社会组织改革，激发社会组织活力，推动社会组织有效融入经济社会发展大局，更好发挥社会组织作用，走好中国特色社会组织发展之路具有十分重要的意义。

4. 广州市社会组织深入推进品牌化和标准化建设工作

民政部《社会组织评估管理办法》自 2011 年正式实施以来，广州在全国首创社会组织等级评估常态申报、分级评审、联合评估、委托评估等工作机制，形成等级评估的"广州模式"。2021 年 4 月，广州市社会组织管理局编印《广州市社会组织等级评估工作指引》，促进社会组织规范化、专业化、精细化、品牌化、可持续发展。11 月，举行第二十四批广州市社会组织等级评估颁牌仪式暨 2021 年广州市社会组织诚信建设宣传活动月启动仪式，鼓励社会组织参与标准化建设，全方位、多渠道、多维度宣传社会组织标准化成果。12 月，发布《社会组织应对突发公共卫生事件防控规范》广州市地方标准，进一步规范社会组织应对新冠疫情等突发公共卫生事件防控工作。

5. 深化行业协会商会改革助推广州经济社会高质量发展

推进行业协会商会与行政机关脱钩，围绕机构分离、职能分离、资产财务分离、人员管理分离、党建外事等事项分离进行改革，加快转变政府职能，创新管理方式，促进行业协会商会提升服务水平。联合市民政局、市发展改革委、市市场监管局印发《行业协会商会涉企收费负面清单》，开展"我为企业减负担"专项行动，要求全市性行业协会商会在考虑工作实际和发展需求的基础上，减免一批收费、降低一批收费、规范一批收费，建立健全遏制乱收费、乱摊派的长效机制；开展行业协会商会乱收费清理整治专项行动，规范涉企收费行为，全市行业协会商会通过减免收费减轻企业负担 2850 多万元，进一步减轻企业负担、优化营商环境。鼓励社会组织牵头举办全国性交流会、博览会，助力激发市场活力。召开与广州市"链长制"相关社会组织负责人座谈会，研究推进社会组织在实现自身高质量发展的同时，积极服务经济社会发展。

6. 广州市加快推动社区社会组织融入基层社会治理创新体系

广州市积极完善社区社会组织培育发展工作机制，推动社区社会组织在创新基层社会治理中更好发挥作用。目前，全市 2 万多家社区社会组织活跃在城乡社区，每个街（镇）建成 1 个社区社会组织联合会，每个城市社区拥有 10 个社区社会组织，每个农村社区拥有 5 个社区社会组织，为基层自治提供有力支持。2021 年 10 月，广州市民政局印发《广州市培育发展社区社会组织专项行动实施方案（2021—2023 年）》，通过实施社区社会组织培育发展计划、能力提升计划、作用发挥计划以及规范管理计划等 4 个工作计划，开展培育发展社区社会组织专项行动，推动社区社会组织成为基层社会治理创新的重要力量。

7. 广州社会组织参与巩固脱贫攻坚成果并持续助力乡村振兴

2021 年是巩固拓展脱贫攻坚成果同乡村振兴有效衔接的重要一年。从关注农村特殊群体、农产品销售渠道拓宽到灌溉水渠等农村基础设施建设，广州社会组织在乡村振兴工作中正发挥着越来越大的作用。广州市社会组织管理局结合党史学习教育，广泛动员引导社会组织积极参与巩固拓展脱贫攻坚成果，助力乡村振兴工作，持续引导全市社会组织开展"千社扶百村"活动，实施社会组织助力乡村振兴七项行动。广大社会组织发扬脱贫攻坚精神和服务社会、服务群众理念，积极开展对口支援、特困群体帮扶、医疗助学、儿童关爱、疫情防控等工作，有效助力广州市和对口帮扶地区实施乡村振兴。据不完全统计，全市社会组织参与乡村振兴工作累计援助2.9亿多元。

8. 广深携手推动社会组织在"双区"建设和"双城"联动中发挥更大作为

2021年1月，广州市、深圳市社会组织管理局签署《深化广州深圳社会组织工作交流合作框架协议》，探索建立常态化登记管理机关、社会组织交流合作机制。11月，广深两地社会组织党委开展联合共训，开启了两地社会组织在党建引领下构建共建共治共享新格局的新篇章。广州社会组织研究院联合深圳社会组织研究院、深圳市基金会发展促进会等社会组织，共同举办第三届粤港澳大湾区社会组织合作论坛、2021年第四期广州社会组织讲坛、第七届广州社会组织研究年会、"推动珠三角慈善事业高质量发展"系列沙龙活动，邀请大湾区专家学者、社会组织代表共同探讨区域社会组织生态建设、营商环境优化、基层治理现代化、公益慈善，推动大湾区社会组织项目合作与经验分享。

9. 广州社会组织全力以赴做好疫情防控工作

疫情防控常态化期间，全市社会组织凝聚力量，发扬伟大抗疫精神，积极主动开展集聚社会组织力量助力打好打赢疫情防控硬仗专项行动。2021年5月，面对突如其来的广州本土新冠疫情，广州市社会组织联合会和慈善组织、社会工作服务机构、志愿服务组织、行业协会商会等各类社会组织响应号召、迅速集结，主动作为、尽锐出战，充分发挥自身资源及专业特点、直接联系群众优势，为抗疫一线提供防疫人力、专业服务、物资支援、平安守护、困境帮扶、平稳市场等支持，展现了广州社会组织不畏艰险的奉献精神、严密组织的专业支持、一心为民的担当作为。

10. 广州部署推进社会组织领域专项整治行动净化社会组织发展环境

按照民政部和省民政厅的统一部署，广州市各级社会组织登记管理机关迅速行动，全力推进打击整治非法社会组织、规范社会组织法人治理、"僵尸型"社会组织专项整治等五项专项行动，进一步规范社会组织法人治理，优化社会组织结构，净化社会组织发展环境，防范化解社会组织领域风险，促进社会组织高质量发展。

2022 年度广州市社会组织十件大事

1. 广州社会组织深入学习贯彻党的二十大精神

党的二十大开启了以中国式现代化全面推进中华民族伟大复兴的新征程。党的二十大报告指出，要推进社会组织协商，引导支持有意愿有能力的社会组织参与慈善事业，理顺行业协会、学会、商会党建工作体制，加强新社会组织党的建设，赋予社会组织发展新的使命任务。广州市社会组织管理局、广州市社会组织党委组织全市社会组织认真收听收看党的二十大开幕式，认真聆听党的二十大报告，运用社会组织学习大讲堂、党课宣讲团、党建示范基地等载体和阵地，组织开展专题学习、教育培训、宣传宣讲等系列活动，推动全市社会组织将思想、行动统一到学习贯彻党的二十大精神上来，为广州社会组织在新时代新征程实现高质量发展、谱写"四个服务"新篇章奠定了坚强政治保证。

2. 广州打造粤港澳大湾区社会组织高质量合作交流平台

广州市社会组织认真落实并主动实践《广州南沙深化面向世界的粤港澳全面合作总体方案》。12 月 19 日，2022 粤港澳大湾区（南沙）社会组织合作论坛暨合作创新基地揭牌仪式在广州南沙举办，本次活动以"激发社会组织活力　共建国际一流湾区"为主题，来自粤港澳三地的领导、专家学者和社会组织代表齐聚一堂，分享实践经验，深入交流探讨。粤港澳大湾区（南沙）社会组织合作创新基地将建立大湾区社会组织"一站式"服务机制，设立决策咨询委员会、共建单位委员会、专家委员会及秘书处四大核心部门，构建传播展示、交流合作、培育发展、项目对接、智库研究、综合事务六大功能板块，聚集社会组织势能，为促进大湾区经济发展、繁荣社会事业、创新社会治理、扩大对外交往等发挥积极作用。

3. 广州持续激发社会组织党建活力

广州市社会组织党委部署党建工作提质扩面工作，先后开展"党课开讲啦"活动、遴选20节"优秀党课"等系列活动，健全社会组织"外促内驱"教育培训体系，"红联共建""三亮三树"等党建品牌深入推进。高质量发展课题获民政部2022年政策理论研究二等奖；8个社会组织荣获全省先进社会组织称号；2个党组织获评"全省社会组织党建工作示范点"，6个党组织获评市"两新"组织党建工作示范点，3个党建阵地获评市"两新"组织党员教育示范基地，6个党组织获评市社会组织党建示范（党员教育）基地，124家社会组织及个人获市以上表扬表彰。

4. 广州积极构建社会组织高质量发展的政策支持体系

2022年，广州市社会组织管理局开展"走百家访千社"调研活动，先后召开座谈会30余场、走访400多家社会组织。推进起草《广州市关于促进社会组织高质量发展的若干措施》，修订印发《广州市社会组织专家库管理办法》等政策制度，推进《广州市社会组织公益创投项目管理办法》《广州市社会组织培育发展基地管理办法》等修订，持续创新和完善社会组织的政策支持体系，加快构建与广州国家中心城市定位和国际大都市建设相匹配的社会组织发展新格局。

5. 广州社会组织多措并举助力经济社会发展

2022年，广州市社会组织管理局聚焦"疫情要防住、经济要稳住、发展要安全"的重要要求，部署开展社会组织助力稳经济促就业工作，搭建

"暖企·直达""挖潜促就业 联动促发展"等服务平台，开展助力复工复产六项行动。引导行业协会商会发挥桥梁纽带、政策宣讲等作用，搭建多维度平台，推动解决企业发展难题；引导社会组织对接会员企业用工需求，多渠道发布用工信息，多方式推动供需精准对接；引导行业协会推出消费产品和服务项目，积极宣传引导行业新动向。发挥社会组织专业优势、专业引领和技术指导作用，参与行业数字化转型、网络经济、人工智能等新型领域标准化制定，开展标准编写与运用培训，促进提升企业将科技成果转化为技术标准能力。广州市社会组织 2022 年参与制定 110 余项团体标准、17 项广州市地方标准、4 项广东省地方标准、1 项国家标准。

6. 广州社会组织全力以赴参与疫情防控工作

面对疫情形势，广州社会组织全面动员、全员参与疫情防控，持续开展力量增援、物资支援、专业支持、平安守护、困境帮扶、市场平稳等六项行动。枢纽型社会组织、社区社会组织、社会工作机构、志愿服务组织、异地商会等积极配合街道、社区开展心理疏导、健康关爱和资源链接、困难纾解等服务工作；慈善组织依法依规开展慈善募捐活动，认真做好捐赠款物接受发放工作；行业协会商会积极倡导行业自律，维护市场秩序，展示了社会组织宣传引导、链接资源、行业保障、服务群众的优势能力和责任担当。

7. 广州持续推进品牌社会组织战略

为深化巩固品牌社会组织培育建设成果，广州市社会组织管理局启动 2022 年广州市品牌社会组织"回头看"暨社会组织"互评互学互促"调研工作，搭建品牌社会组织与其他社会组织交流学习的互动平台，促进跨行业、跨领域之间的互动交流，切实传递品牌社会组织的典型经验，带动更多优秀社会组织创建品牌。2022 年评选出品牌社会组织 8 家。

8. 广州连续举办九届社会组织公益创投活动

2022 年 6 月，第九届广州市社会组织公益创投活动正式启动。本届社会组织公益创投活动共投入福利彩票公益金 1700 万元，确定资助为老服务、未成年人保护、社区治理、助残服务、救助帮困等项目 141 个。第九届社会组织公益创投活动呈现新亮点，在项目资助类别、评审评选标准上更加聚焦主责主业、聚焦特殊群体和群众关切；增设社会治理类项目，培育、支持和充分发挥社会组织在构建共建共治共享社会治理格局中的积极作用。

9. 广州社会组织为乡村振兴注入新动力

2022 年，广州市社会组织管理局印发《关于进一步引导动员广州社会组织参与乡村振兴的实施意见》，持续引导全市社会组织深入开展助力乡村振兴七项行动，创新推进"组团式帮扶"模式，打造"聚力助学 童向未来""穗医惠民 情满瑶乡"等帮扶品牌，开启助力乡村振兴新进程。据不完全统计，全市有 169 家社会组织会同会员企业、会员单位，在东西部协作地区、新疆、西藏、省内清远梅州湛江、市内从化增城和其他地区开展 666 个帮扶项目，总投入约 2.5 亿元。对口支援连南县三排镇专项行动取得显著成果，为连南县带来了物资、教育、医疗等一系列帮扶项目与服务，价值超 530 万元。

10. 广州市持续加强社会组织法治建设

广州切实把社会组织法治建设作为推进社会组织事业高质量发展的重要举措。市发展和规范社会组织工作联席会议印发广州市常态化打击整治非法社会组织工作方案和部门间联合执法机制等文件。修订完善《广州市社会组织重大事项报告工作指引》《广州市社会组织抽查监督办法》《广州市社会组织信息公开办法》等部门规范性文件，印发《"僵尸型"社会组织专项整治工作指引》，进一步健全制度支撑体系。高效推进社会组织领域 5 个专项整治行动，举办 2022 年"法在'社'里"社会组织法治教育提升行动。2022 年至今，全市打击整治非法社会组织 18 家，公布 3 批次 17 家涉嫌非法社会组织名单，2 个案例入选广东省打击整治非法社会组织案例集，极大地净化了社会组织发展环境。

附录二

2021—2022 年度广州市社会组织政策法规

《广州市社区社会组织管理办法（试行）》

穗社管规字〔2021〕1 号

第一章　总　则

第一条　为加快培育发展社区社会组织，规范社区社会组织管理，充分发挥社区社会组织在基层社会治理中的积极作用，依据有关法律法规文件，结合工作实际，制定本办法。

第二条　本办法所称社区社会组织，是指由本社区为主的社区居民、驻区单位发起成立，在本社区开展为民服务、公益慈善、邻里互助、平安创建、文体娱乐和农村生产技术服务等活动的社会组织。

第三条　社区社会组织实行分类管理，符合登记条件的可以向区民政部门提出申请办理登记手续；对未达到登记条件的社区社会组织，按照不同规模、业务范围、成员构成和服务对象，由街道办事处（镇政府）实施管理，加强分类指导和业务指导；对规模较小、组织较为松散的社区社会组织，由社区党组织领导，基层群众性自治组织对其活动进行指导和管理。

第二章　符合登记条件的社区社会组织的管理

第四条　区民政部门是社区社会组织的登记管理机关，履行以下职责：

（一）负责社区社会组织成立、变更、注销登记；

（二）对登记成立的社区社会组织的日常活动进行监督管理；

（三）依法查处登记成立的社区社会组织的违法行为；

（四）指导社区社会组织党的建设工作；

（五）依法应履行的其他职责。

第五条　社区社会组织应当具有规范的名称。社区社会团体的名称由"市+区+街道（镇）〔+村（社区）〕+（字号+）业务领域+社会团体组织形式"组成；社区社会服务机构（民办非企业单位）的名称由"市+区+街道（镇）〔+村（社区）〕+字号+行业或业务领域+组织形式"组成。

第六条　申请登记的社区社会组织可由区民政部门征求所属街道或所在社区意见后直接登记，依法另有规定的除外。

第七条　允许多个社区社会组织在同一地址办公。街道办事处（镇政府）或村（居）民委员会给予场地支持的，活动场所可依法作为注册场所。

第八条　申请登记的社区社会组织成立登记时依法可不提供验资报告。

第三章　未达登记条件的社区社会组织的管理

第九条　区民政部门负责指导街道办事处（镇政府）对未达到登记条件的社区社会组织实施管理和培育扶持。

第十条　街道办事处（镇政府）、村（居）民委员会对未达到登记条件的社区社会组织实施管理，具体履行以下职责：

（一）对辖区内未达到登记条件的社区社会组织实施管理和培育扶持等工作；

（二）依照党组织要求对辖区内未达到登记条件的社区社会组织开展党的建设工作；

（三）依法应履行的其他职责。

第十一条　街道办事处（镇政府）、村（居）民委员会应当对其指导和管理的社区社会组织建立工作台账，记录社区社会组织的负责人、成员名册、组织章程、活动场所、业务范围、重大活动记录等事项。

第十二条　鼓励街道办事处（镇政府）、村（居）民委员会将未达到登记条件的社区社会组织的活动经费经规定程序委托给经区民政部门依法登记成立的社区社会组织联合会管理。

第四章　培育扶持

第十三条　街道办事处（镇政府）、村（居）民委员会的公共服务事项，依法可通过购买服务、设立项目资金、补贴活动经费等措施，经规定程序由社区社会组织承接办理，加大对社区社会组织扶持力度。

有条件的区、街道（镇）可依法设立社区社会组织发展资金或社区基金，为社区社会组织开展工作提供资金扶持。

第十四条　各街道办事处（镇政府）、村（居）民委员会可依托党群服务中心、社会工作站等场所建立社区社会组织服务中心（孵化基地），做好社区社会组织的培育、管理，为社区社会组织提供服务保障，密切联系社区社会组织，指导和支持社区社会组织开展活动。

第十五条　各街道办事处（镇政府）应当重视社区社会组织联合会等枢纽型、支持型社会组织的建设和发展，可以社区社会组织联合会为枢纽，完善社区资源、居民需求与社区社会组织参与基层社会治理的常态化对接机制。

支持社区社会组织联合会等枢纽型、支持型社会组织发挥管理服务协调作用，规范社区社会组织行为，提供资源支持、承接项目、人员培训等服务，为未达到登记条件的社区社会组织提供项目指导、财务代管等服务。

第十六条　广州市社会组织公益创投活动支持社区社会组织参与基层社会治理，为社区社会组织开展工作提供资金扶持。由街道办事处（镇政府）、村（居）民委员会实施管理的社区社会组织可通过属地街道（镇）社区社会组织联合会申报社会组织公益创投项目。

第五章　监督管理

第十七条　社区社会组织应当接受街道（镇）、村（社区）党组织的领导。

社区社会组织开展业务活动、参与基层社会治理，应当接受街道办事处（镇政府）及村（居）民委员会的指导和监督。

第十八条　社区社会组织应当遵守法律法规规章和公序良俗，践行社会主义核心价值观，不得从事封建迷信、宗族帮派等活动。

第十九条　区民政部门、街道办事处（镇政府）、村（居）民委员会要通过年度报告、抽查监督、评估等手段依法监督社区社会组织人员聘用、资金使用、活动开展、信息公开、章程履行等情况。

第二十条　社区社会组织应当坚持非营利性原则，确保依照宗旨在核准的业务范围内开展活动。

社区社会组织应当建立民主议事制度，按照章程规定的程序开展内部活动和办理重要事项。

社区社会组织应当建立健全信息公开机制。

第二十一条　社区社会组织的财产和合法权益受法律保护，任何人不得侵占、私分、挪用。

经登记成立的社区社会组织注销清算后的剩余财产，无法按照组织章程规定或权力机构的决议处理的，在区民政部门的监督下，可依法转给辖区内同类型社区社会组织使用；未达到登记条件的社区社会组织解散清算后的剩余财产，按法律法规有关规定处理。

第二十二条　任何单位和个人发现社区社会组织存在违法行为的，可以向街道办事处（镇政府）和区民政部门等有关部门投诉、举报。支持社会公众、新闻媒体对社区社会组织进行监督。

第六章　附　则

第二十三条　区民政部门可根据本区实际情况制定工作细则。

第二十四条　本办法自印发之日施行，有效期3年。

《广州市社会组织重大事项报告工作指引》

穗社管规字〔2022〕1 号

第一条　为规范我市社会组织重大事项报告的管理，推动社会组织重大事项报告的科学化与规范化，更好地为社会组织提供指导和服务，依据《社会团体登记管理条例》《民办非企业单位登记管理暂行条例》《基金会管理条例》《广东省行业协会条例》和《广州市社会组织管理办法》等有关规定，制订本指引。

第二条　本指引所称重大事项是指对社会组织自身、会员和服务对象，以及其他组织和个人，可能带来较大影响或者具有较大影响的重大会议、重大变化、重大事件和重要活动等。

第三条　社会组织依照法律法规和自身章程的有关规定，合法、审慎、稳妥地自行处理重大事项，并承担相应责任。涉及行政审批和备案的，依照有关规定办理。政府相关部门对社会组织报告的重大事项，依法给予指导和服务。

第四条　社会组织在重大事项报告的同时，应依法主动进行信息公示，自觉接受社会监督。

第五条　社会组织报告的重大事项有：

（一）召开会员（会员代表）大会；

（二）创办经济实体；

（三）接受境外捐款或者资助；

（四）涉外（包括港、澳、台地区）活动，包括吸收境外人士担任社会组织职务，加入境外非政府组织，与境外组织、人员开展项目合作或者联合举办活动，邀请境外组织、人员来访或参加活动，在境外开展业务活动、执行合作项目，组织出国（境）开展交流活动或参加会议、论坛、培训等；

（五）基金会、公益性慈善组织面向公众开展募捐活动。

开展涉外（包括港、澳、台地区）活动应遵守有关规定，必要时应事先征求外事、公安、国家安全等相关部门的意见。办理公开募捐备案，按《慈善组织公开募捐管理办法》等有关规定办理。

社会组织举办讲座、论坛、讲坛、年会、报告会、研讨会等活动要严格按照民政部《社会组织举办研讨会论坛活动管理办法》（民发〔2012〕57号）和广东省民政厅《关于进一步规范社会组织举办研讨会论坛等活动的通知》（粤民函〔2020〕888号）等相关规定落实。

第六条　社会组织重大事项报告程序：

社会组织开展涉及本指引第五条规定所列重大事项的，应当提前15日向登记管理机关和有关主管部门进行报告，并提交活动的内容、方式、规模、参加人员、时间、地点、经费情况的材料。有业务主管单位的，向业务主管单位和登记管理机关进行报告。

社会组织向登记管理机关进行重大事项报告，采用网上填报的方式。

在市社会组织登记管理机关登记注册的社会组织可登录市本级社会组织信息平台→"社会组织业务办理"→"其他业务"→"重大事项报告"，按要求填写《广州市社会组织重大事项报告表》并按照第七条规定办理。

市、区社会组织登记管理机关按照登记管理权限负责本机关登记注册的社会组织重大事项报告的具体工作。

第七条　社会组织重大事项报告需提交的材料：

（一）社会组织开展涉及本指引第五条第一款第（一）项的活动时，需提交会议通知、会议议程、参加人员名册、决议召开会员大会的理事会会议纪要、向业务主管单位报告的说明；其中，召开会员大会为换届选举会议，或者届中调整负责人或理事、监事，依法另行办理。

（二）社会组织开展涉及本指引第五条第一款第（二）项的活动时，需提交决议创办经济实体的相关会议纪要（明确经济实体内容、方式、规模、资金等）、参加人员名册、向业务主管单位报告的说明。

（三）社会组织开展涉及本指引第五条第一款第（三）项的活动时，

需提交接受境外捐款或者资助的协议书、参加人员名册、决议接受境外捐款或者资助的相关会议纪要、向业务主管单位报告的说明。

（四）社会组织开展涉及本指引第五条第一款第（四）项的活动时，需提交邀请函、方案计划、参加人员名册、拟邀请境外人员或组织的情况、决议开展涉外活动的相关会议纪要、向业务主管单位报告的说明。

本条第一款所涉及需提交"向业务主管单位报告的说明"是由有业务主管单位的社会组织提供。

本条第一款涉及材料是扫描件的，需加盖本社会组织公章。

第八条　社会组织应当建立重大活动影响评估机制，对可能引发社会风险的重要事项应当事先向政府有关部门报告。

第九条　社会组织应当针对各类突发性公共事件制定应急处置预案，提升对突发类事件的预警、监控和处置能力，建立和完善危机管理的组织体系和运行机制。

第十条　社会组织举办重大活动，应当遵守以下规定：

（一）不得超出章程规定的宗旨和业务范围；

（二）不得对活动主题、规格、出席人员等进行虚假宣传；

（三）不得强制要求其他组织或者个人参加；

（四）不得开展与收费挂钩的品牌推介、成果发布、论文发表、评比达标表彰等活动；

（五）不得以各种名目乱收费；

（六）未经授权，不得以社会组织登记管理机关或业务主管单位的名义开展活动。

社会组织举办重大活动的经费来源要符合国家法律法规和有关政策规定，对实际发生的经济活动事项，严格按照《中华人民共和国会计法》《财政部关于印发〈民间非营利组织会计制度〉的通知》（财会〔2004〕7号）等规定，如实进行会计核算，全部收支纳入单位法定账册。

第十一条　社会组织作为主办单位合作举办重大活动，应当切实履行对承（协）办单位的监督管理职责，对活动全过程予以把关，不得以挂名方式参与合作或者收取费用。

承（协）办单位是公司、企业等营利性组织的，社会组织应当对其资质、信用等进行考察，慎重选择合作对象，确保活动依法依规开展。

第十二条　社会组织应建立重大事项报告制度，并明确专人负责。社会组织执行重大事项报告的情况，纳入执法监督的重要内容。

第十三条　社会组织登记管理机关在社会组织信息平台建立社会组织信息公开专栏，将社会组织年度报告、重大活动开展情况等依法及时、准确向社会公开，鼓励新闻媒体、社会公众对社会组织进行监督。

社会组织登记管理机关通过接受群众举报、抽查审计等手段加强对社会组织重大事项的监管，发现违法违规问题及时进行调查处理。

第十四条　对未按照本指引规定的期限报告重大事项报告的，不予受理材料或要求其调整时间后重新上报。事后报告的，不予受理。

第十五条　本工作指引自 2022 年 3 月 30 日起施行，有效期 5 年。

《广州市社会组织抽查监督办法》

穗社管规字〔2022〕2号

第一章 总 则

第一条 为加强社会组织管理，规范社会组织行为，促进社会组织发展，根据《社会团体登记管理条例》《民办非企业单位登记管理暂行条例》《基金会管理条例》《民政部关于印发〈社会组织抽查暂行办法〉的通知》（民发〔2017〕45号）、《广州市社会组织管理办法》等有关规定，制定本办法。

第二条 本办法所称社会组织是指在本市行政区域内登记注册的社会团体、基金会、民办非企业单位（社会服务机构）。

第三条 社会组织登记管理机关（以下简称登记管理机关）按照法定职责，随机抽取一定比例的社会组织，对其依法开展活动的情况进行检查的，适用本办法。

第四条 开展抽查工作应当坚持依法、公正、公开、规范的原则。

第二章 抽查监督的组织与实施

第五条 市级登记管理机关统筹管理、组织实施本市行政区域内的社会组织抽查监督工作，负责对市登记注册的社会组织的抽查监督工作。区级登记管理机关负责组织、实施在本区登记注册的社会组织的抽查监督工作。

各级社会组织抽查监督工作所需经费由同级财政负责并予以保障。

登记管理机关与其管辖的社会组织的住所不在一地的，可以由社会组织住所地的登记管理机关协助开展抽查工作。

第六条 抽查分为定期抽查和不定期抽查两种方式。

定期抽查是指登记管理机关按年度随机抽取本级登记的社会组织开展检查。市级、区级登记管理机关对本级登记的社会组织随机抽查比例分别不低于4%、3%。

不定期抽查是指登记管理机关根据工作需要，依据社会组织类别、所属行业、检查事项等条件，不定期随机抽取本级登记的社会组织开展检查。抽查比例根据工作需要合理确定。

第七条 登记管理机关开展定期抽查，检查内容主要包括社会组织的年度报告、信息公开、内部治理、财务状况、业务活动等情况。具体为：

（一）是否按照规定设立党组织；

（二）是否按照规定办理成立、变更、注销登记和备案手续；

（三）是否制定以章程为核心的各项规章制度，是否按章程开展内部治理，是否按照章程规定的宗旨和业务范围开展活动，是否按照章程进行换届工作；

（四）社会组织自成立登记之日起1年内是否开展活动；

（五）是否按规定提交年度报告，年度报告中是否存在弄虚作假的情形；

（六）是否按规定进行信息公示和重大事项报告；

（七）财务状况；

（八）是否开展营利性的经营活动；

（九）是否有涂改、出租、出借登记证书，或者出租、出借印章的行为；

（十）是否有侵占、私分、挪用社会组织资产或所接受捐赠、资助财物的行为；

（十一）是否有其他违反社会组织管理相关规定的行为。

登记管理机关对社会组织实施抽查监督时，可以结合实际情况，依法合理确定其他检查内容。

不定期抽查可以在前款规定的检查内容中选择若干项开展检查，也可以结合实际情况，依法合理确定其他检查内容。

第八条 登记管理机关根据工作需要，可以联合业务主管单位、行业管理部门或者相关职能部门依法开展抽查工作。

登记管理机关可以依法使用其他部门作出的检查结果。

第九条 开展社会组织抽查监督工作时，登记管理机关可委托会计师事务所、税务师事务所、律师事务所等专业机构开展审计、验资、咨询等相关工作，可邀请人大代表、政协委员、新闻媒体等参与监督。

第十条 登记管理机关可以采取现场检查、书面检查等方式开展抽查工作。

第十一条 采取现场检查方式抽查监督的，检查人员不得少于2人，并应当向当事人或有关人员出示有效执法证件及登记管理机关开具的抽查监督通知书。检查人员与当事人有直接利害关系的，应当回避。

现场检查主要采取下列方式：

（一）现场查看。重点检查被抽查社会组织有无涉嫌违法违规的情形。

（二）检查资料。可要求被抽查社会组织现场提供与检查有关的资料。

（三）询问访问。检查中发现有问题的，可以通过询问被抽查社会组织工作人员、访问其服务对象等方式了解情况。

（四）记录检查情况。登记管理机关应当制作现场检查笔录，如实记录被抽查社会组织基本情况、抽查情况、现场处理情况，由检查人员和被抽查社会组织法定代表人（负责人）或在场工作人员签字和盖章；被抽查社会组织法定代表人（负责人）或在场工作人员拒不签字或盖章的，检查人员应当注明原因，必要时可邀请有关人员作为见证人；根据本单位行政执法全过程音像记录清单范围，对现场检查、随机抽查、调查取证、文书送达等容易引发争议的行政执法过程进行音像记录；对直接涉及人身自由、生命健康、重大财产权益的现场活动，应当进行全过程音像记录。

（五）提出处理意见。现场检查发现问题的，依法依规处理。

第十二条 现场检查有下列情形之一的，被抽查监督的社会组织可以拒绝接受抽查：

（一）检查人员少于2人的；

（二）检查人员无法出具有效执法证件和抽查监督通知书的；

（三）检查人员身份与抽查监督通知书不符的。

第十三条　会计师事务所、税务师事务所、律师事务所等专业机构受委托现场开展相关工作时，工作人员不得少于两人，应当出示相关工作证件、检查通知书及委托证明。

第十四条　采用书面检查方式抽查监督的，主要采取下列方式：

（一）书面通知。按照本办法规定，将检查内容、所需材料及报送方式、报送限期、收件人、联系人等信息书面通知社会组织；

（二）记录检查情况。制作书面抽查记录表，如实记录社会组织基本情况、抽查监督情况；

（三）提出处理意见。检查发现问题的，依法依规处理。

第十五条　登记管理机关应当自抽查监督完成后，向被抽查社会组织发出抽查结果通知书。

抽查监督结果由登记管理机关通过"广东省行政执法信息公示平台"统一归集并公开。

第三章　相关责任

第十六条　社会组织应当配合检查工作，接受询问，如实反映情况，并根据检查需要，提供相关材料，不得以任何形式阻碍或者拒绝检查。

社会组织不按规定配合检查的，登记管理机关应当依法处理。

第十七条　登记管理机关应当将社会组织违法违规行为及其处理情况依法纳入社会信用信息系统。

抽查监督结果作为社会组织评估等工作的重要依据，也可以提供给相关政府部门作为政府购买服务、税收优惠、资格认定、评优评先等工作的参考因素。

第十八条　登记管理机关应当依法将抽查过程中收集、形成的有关资料及时归档保存。

第十九条　抽查所需费用由登记管理机关按规定列支，不得向社会组织收取任何费用。

第二十条　抽查监督中发现社会组织存在违法违规行为的，由登记管理机关依法处理；应当由其他部门处理的，依法移交相关部门。

第二十一条　登记管理机关及其工作人员滥用职权、玩忽职守、徇私舞弊的，对直接负责的主管人员和其他直接责任人员依法给予处分；构成犯罪的，依法追究刑事责任。

第四章　附　则

第二十二条　本办法自 2022 年 3 月 30 日起施行，有效期 5 年。

《广州市社会组织信息公开办法》

穗社管规字〔2022〕3 号

第一章　总　则

第一条　为促进我市社会组织健康有序发展，加强社会组织自律，规范社会组织信息公开行为，保护社会组织及利益相关方的合法权益，根据《社会团体登记管理条例》《民办非企业单位登记管理暂行条例》《基金会管理条例》等有关规定，结合本市实际，制定本办法。

第二条　本办法所称的信息公开，是社会组织登记管理机关（以下简称"登记管理机关"）及在本市市、区两级登记管理机关登记成立的社会团体、基金会、民办非企业单位（社会服务机构）按照本办法的规定，通过一定的媒介或方式，主动向社会公开相关信息，自觉接受监督的行为。

第三条　社会组织应当依法履行信息公开义务，信息公开应当真实、准确、完整、及时。涉及国家秘密、商业秘密、个人隐私的信息，不得公开。

社会组织应当建立信息公开制度，明确信息公开的范围、方式和责任。

第四条　各级登记管理机关应当建立社会组织信息公示平台，负责推进、监督其登记的社会组织信息公开工作。

属于政府信息公开的，由登记管理机关按照国家和各级政府信息公开的规定办理。

第二章　公开内容

第五条　登记管理机关应当将社会组织下列信息，通过社会组织信息公示平台以及通过其他便于公众查询的方式依法向社会公开：

（一）基础信息：包括登记、核准和备案等事项信息。

（二）年报信息：年度工作报告。

（三）其他信息：包括等级评估情况；行政检查信息、行政处罚情况；公开募捐资格、公益性捐赠税前扣除资格等其他依法应当公开的信息。

第六条　社会组织应当根据国家、省、市关于年度工作报告的相关规定，通过登记管理机关的信息公示平台报送上一年度工作报告，并通过该公示平台向社会公示本办法规定需要公示的内容。

当年登记成立的社会组织，自下一年度起报送并公示年度工作报告。

第七条　社会组织年度工作报告内容包括：

（一）基本信息；

（二）遵守法律法规和国家政策的情况；

（三）登记事项变动及履行登记手续情况；

（四）按照章程开展活动情况；

（五）财务状况、资金来源和使用情况，开展募捐、接受捐赠、提供资助等活动的情况；

（六）机构变动和人员聘用情况；

（七）财务会计报告情况，应在每个会计年度结束时，按照《民间非营利组织会计制度》的规定制作财务会计报告，民办非企业单位（社会服务机构）和基金会的财务会计报告需提交注册会计师审计报告；

（八）其他报告情况。

第八条　登记管理机关发现公开的社会组织信息不准确的，应当及时更正。公民、法人或者其他组织有证据证明登记管理机关公开的社会组织信息不准确的，有权要求登记管理机关予以更正。

社会组织发现自行公开的信息不准确的，应当及时更正。信息更正后，公开相关内容及更正理由，声明原信息作废。

第三章　公开方式

第九条　社会组织应当在住所或者服务场地的醒目位置悬挂登记证书、执业许可证、收费许可证，公开经核准的章程或章程摘要、服务项目和收费标准等基本信息。

第十条　社会组织应当以便于公众获取或了解为原则，可以选择报刊、广播、电视、网络新媒体等对社会公开信息，扩大信息公开渠道，包括以下方式：

（一）第七条规定的信息应在登记管理机关统一的社会组织信息公示平台进行公开；

（二）可以选择报刊、广播、电视、门户网站等传统媒体；

（三）可以选择自主设立网站、微博、微信公众号等新媒体。

信息公开的范围应当覆盖该社会组织的活动地域。

第十一条　鼓励有条件的社会组织建立新闻发言人制度。新闻发布内容应由社会组织法定代表人或主要负责人把关。社会组织在进行重大新闻发布前，要按照有关规定及时向业务主管单位、行业管理部门履行报告程序。

第十二条　鼓励社会组织设立信息管理员，负责本组织信息收集、载入、发布、报送、更新管理，履行信息管理责任，维护信息安全，了解舆情反映。

第四章　监督管理

第十三条　任何单位和个人发现社会组织公布的信息虚假的，可以向其登记管理机关投诉、举报。登记管理机关应当及时进行处理。

第十四条　登记管理机关可以要求社会组织对公开信息的有关问题作出解释、说明或提供相关资料。

第十五条　登记管理机关应当将社会组织信息公开的情况纳入抽查监督内容。

第十六条　社会组织信息公开情况，应当作为登记管理机关等级评估、评选表彰等工作的重要指标，可以作为开展委托事项、购买服务、政策扶持、表彰奖励等工作的重要参考。

第十七条　登记管理机关及其工作人员违反本办法规定，不依法履行职责的，由有权机关责令改正，对负有责任的领导人员和直接责任人员依法给予处分；构成犯罪的，依法追究刑事责任。

第五章　附　则

第十八条　慈善组织信息公开还应当按照《中华人民共和国慈善法》《慈善组织信息公开办法》《广州市慈善促进条例》等有关规定执行。

第十九条　本办法自 2023 年 1 月 1 日起施行，有效期五年。